RYGBI'R BYD

I Besi

RYGBI'R BYD

KEITH DAVIES

ylLolfa

Argraffiad cyntaf: 2015

Dymuna'r cyhoeddwyr gydnabod cymorth ariannol
Cyngor Llyfrau Cymru.

Diolch i Press Association am y lluniau.

Cynllun y clawr: Elgan Griffiths

Rhif Llyfr Rhyngwladol: 978 1 78461 173 6

Cyhoeddwyd, rhwymwyd ac argraffwyd yng Nghymru gan
Y Lolfa Cyf., Talybont, Ceredigion SY24 5HE
gwefan www.ylolfa.com
e-bost ylolfa@ylolfa.com
ffôn 01970 832 304
ffacs 832 782

CYNNWYS

RHAGAIR GAN NIGEL OWENS

Mae'n bymtheg mlynedd bron ers i fi droi'n ddyfarnwr proffesiynol, ac yn ddeng mlynedd ers cael fy nghap cyntaf fel dyfarnwr rhyngwladol, ac anghofia i fyth y wefr o redeg mas ar y cae yn Osaka i ddyfarnu Siapan yn erbyn Iwerddon. Ers hynny, rwy wedi bod yn ddigon lwcus i fod yng ngofal gêmau ym mhob rhan o'r byd. Rydw i'n teimlo ei bod hi'n fraint aruthrol o gael y cyfle i ddyfarnu timau ac unigolion gore'r byd yng Nghwpan Ewrop, y Chwe Gwlad, y Tair Gwlad (Rugby Championship erbyn hyn), a Chwpan Rygbi'r Byd.

Ar 18 Medi, pan fydd Cwpan Rygbi'r Byd 2015 yn cychwyn yn Twickenham bydda i yno, yn ceisio fy ngore fel bob tro ac yn gobeithio cael dyfarnu yn y rowndiau terfynol. Ond mae 'na sawl dyfarnwr arall â'r gallu i neud hynny felly os bydd fy ngore i'n ddigon da, a Chymru ddim yn y rownd derfynol, yna fe fydd breuddwyd yn dod yn wir. Ond, gyda fy llaw ar fy nghalon, os bydd Cymru yn y rownd derfynol, fydd neb yn fwy hapus na finne.

Wrth edrych 'nôl ar fy nheithiau, o Bontyberem i Bloemfontein, o Fynydd Cerrig i Christchurch, tasen i wedi cael punt am bob tro mae rhywun wedi gofyn cwestiynau fel 'Nige, ti'n gwbod sawl cais mae…?' neu 'Owens, pwy oedd y dyfarnwr cynta i…?' bydden i bellach werth fy ffortiwn. Dyma pam rwy wrth fy modd fod llyfr fel hwn yn cael ei gyhoeddi yn y Gymraeg. Cewch oriau o bleser wrth fynd trwy'r ffeithiau, a fydd yn gwneud i chi ddweud, 'Jiw Jiw, do'n i ddim yn gwbod 'ny!'.

Rwy wedi bod yn ddigon anffodus i adnabod yr awdur ers blynyddoedd! Allwn ni ddim cwrdd heb dynnu coes. Yr hyn sy'n amlwg yw ei gariad a'i ddiddordeb angerddol mewn rygbi. Fy ngobaith i, o gael y ffeithiau mewn print, yw na fydd rhaid i fi (na neb arall chwaith) eistedd am orie yn gwrando arno'n mwydro ac yn rhestru ffeithiau ac ystadegau!

Mae elw'r gyfrol yn mynd tuag at elusen werth chweil, elusen a ddechreuwyd gan Manon a Gwenan Gravell sy'n cynnig cymorth i bobl ifanc sydd wedi colli rhiant (www.projectthirteen.cymru). Bydde'r hen Grav wrth ei fodd â'r llyfr yma ac yn browd iawn o'i ferched am sefydlu elusen mor bwysig.

Mwynhewch y darllen. Rwy wedi mwynhau'r llyfr yn fawr iawn.

CWPAN RYGBI'R BYD

1 Ers sefydlu'r gystadleuaeth yn 1987, mae 25 o wledydd wedi cymryd rhan – Cymru, Iwerddon, Lloegr, Yr Alban, Ffrainc, Yr Eidal, Sbaen, Portiwgal, Seland Newydd, Awstralia, De Affrica, Namibia, Yr Ariannin, Uruguay, Canada, Yr Unol Daleithiau, Japan, Zimbabwe, Y Traeth Ifori, Ffiji, Tonga, Samoa, Georgia, Rwmania a Rwsia.

2 Mae gêm gyntaf pob twrnament wedi cychwyn gan ddefnyddio'r un chwiban. **Gil Evans**, dyfarnwr o Abertawe, oedd berchen y chwiban yn wreiddiol, ac fe'i defnyddiodd wrth ddyfarnu gêm Lloegr yn erbyn Seland Newydd yn 1905. Dyma'r chwiban a ddefnyddiwyd hefyd yn rownd derfynol pencampwriaeth rygbi'r Gêmau Olympaidd ym Mharis yn 1924.

3

Cynhaliwyd y gystadleuaeth gyntaf ar y cyd rhwng Seland Newydd ac Awstralia yn 1987. Seland Newydd enillodd y gystadleuaeth, wedi iddyn nhw guro Ffrainc o 29 i 9. Curodd Cymru Awstralia o 22 i 21 yn Rotorua i sicrhau'r trydydd safle.

RICHIE MCCAW

JONNY WILKINSON

4 Mae tair gwlad wedi ennill Cwpan Rygbi'r Byd ddwywaith – Seland Newydd yn 1987 a 2011, De Affrica yn 1995 a 2007 ac Awstralia yn 1991 ac 1999.

5 Fe fethodd De Affrica sgorio cais yn y ddwy rownd derfynol y gwnaethon nhw eu hennill.

6 Lloegr, yn 2003, yw'r unig wlad o hemisffer y gogledd i ennill y gystadleuaeth.

7 Mae Iwerddon wedi cyrraedd rownd y chwarteri bum gwaith, ond dydyn nhw erioed wedi mynd ymhellach. Yr un fu tynged Canada (unwaith), Tonga (dwywaith) a Ffiji (dwywaith).

8 Yr uchafswm i unrhyw dîm ei sgorio mewn un gêm yn y gystadleuaeth yw 145 o bwyntiau. Fe gyrhaeddodd y Crysau Duon y sgôr hwnnw yn erbyn Japan yn 1995. Yn y gêm honno fe sgoriodd **Marc Ellis** chwe chais – record sy'n parhau hyd heddiw.

9 Wedi 2015, Caerdydd fydd yr unig ddinas fydd wedi cynnal gêmau mewn pedwar twrnament Cwpan Rygbi'r Byd.

10 Ffrainc a Seland Newydd sydd wedi chwarae'r nifer mwyaf o gêmau yn y gystadleuaeth ers iddi ddechrau yn 1987, sef 43 o gêmau. 32 o gêmau mae Cymru wedi eu chwarae.

RHYS PRIESTLAND

11 Sgôr uchaf Cymru ers dechrau'r gystadleuaeth yw 81–7, yn erbyn Namibia yn 2011.

12 Mae dwy rownd derfynol wedi eu hennill gan gic adlam, sef Lloegr yn 2003 (**Jonny Wilkinson**) a De Affrica yn 1995 (**Joel Stransky**) – y ddwy gêm wedi mynd i amser ychwanegol.

13 Wedi rownd derfynol Cwpan y Byd 2011 cafodd tîm Ffrainc ddirwy o £2500, ar ôl iddyn nhw gamu dros y llinell hanner wrth ymateb i her Haka'r Crysau Duon.

14 O'r pum tîm sydd wedi cyrraedd y rownd derfynol ers 1987 (Seland Newydd, Awstralia, De Affrica, Ffrainc a Lloegr), De Affrica yw'r unig wlad sydd heb golli mewn rownd derfynol, a Ffrainc yw'r unig wlad sydd heb ennill.

15 Seland Newydd a De Affrica yw'r unig wledydd i ennill y cwpan yn eu gwlad eu hunain – Seland Newydd yn Eden Park, Auckland yn 1987, a De Affrica yn 1995, yn Ellis Park, Johannesburg.

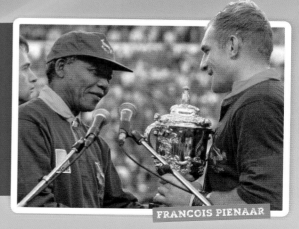

FRANCOIS PIENAAR

UNIGOLION NODEDIG CRB

1 Chwaraeodd asgellwr/canolwr Samoa Brian Lima mewn pum twrnament, yr unig un i wneud hynny. Yn 1991 fe oedd chwaraewr ieuengaf y gystadleuaeth, ac roedd yn chwarae pan gurodd Samoa Gymru yn y gystadleuaeth honno.

2 Prop Lloegr Jason Leonard sy'n dal y record am chwarae yn y nifer mwyaf o gêmau yng nghystadleuaeth Cwpan Rygbi'r Byd. Chwaraeodd mewn 22 o gêmau, gan gynnwys dod i'r cae fel eilydd pan enillodd Lloegr y Cwpan yn 2003.

3 George North yw'r chwaraewr ieuengaf erioed i sgorio yng Nghwpan y Byd. Roedd yn 19 oed a 166 diwrnod pan sgoriodd ddau gais i Gymru yn erbyn Namibia yn 2011.

GEORGE NORTH

4

Jonah Lomu yw'r chwaraewr ieuengaf i chwarae yn rownd derfynol Cwpan Rygbi'r Byd. Roedd yn 20 oed a 43 diwrnod pan gurwyd y Crysau Duon gan Dde Affrica yn 1995.

5 Y chwaraewr ieuengaf i ennill Cwpan Rygbi'r Byd oedd François Steyn, canolwr De Affrica. Roedd e'n 20 oed a 159 diwrnod adeg y gêm honno yn 2007.

6 Y chwaraewr hynaf i ymddangos yn y gystadleuaeth, a'r hynaf i sgorio cais, oedd Diego Ormaechea yn 1999, pan gapteiniodd yr wythwr ei wlad, Uruguay, yn erbyn Sbaen.

7 Fe sgoriodd Michael Jones, blaenasgellwr Seland Newydd (oedd yn gwrthod chwarae ar y Sul oherwydd ei ddaliadau crefyddol), y cais agoriadol yng nghystadlaethau 1987 ac 1991.

8 Jonny Wilkinson sy'n dal y record am sgorio'r nifer mwyaf o bwyntiau yn hanes y gystadleuaeth, sef cyfanswm o 277 (1999, 2003 a 2005). Neil Jenkins yw'r Cymro sydd wedi sgorio'r nifer mwyaf, sef 98 pwynt.

9 Mae cyfanswm o 16 chwaraewr wedi derbyn cerdyn coch ac, yn anffodus i ni, Cymro oedd y cyntaf! Yn 1987, wrth chwarae yn erbyn Seland Newydd, fe daflodd Huw Richards, ail reng Cymru, ddwrn at Gary Whetton. Fe wylltiodd un arall o'r Crysau Duon, Buck Shelford, a rhoi cymaint o ergyd i Richards nes iddo ddisgyn i'r llawr. Y peth cyntaf wnaeth y dyfarnwr wedi i Richards ddadebru oedd ei anfon o'r maes!

GRANT FOX

10 Grant Fox, maswr Seland Newydd, sydd wedi sgorio'r nifer mwyaf o bwyntiau mewn un twrnament (126 yn 1987).

11 Mae dau Gymro wedi ymddangos ar y maes yn ystod y rownd derfynol. Derek Bevan oedd y dyfarnwr pan gurodd Awstralia Lloegr yn 1991 a Nigel Owens oedd un o'r llumanwyr yn 2011 pan gurodd Seland Newydd Ffrainc. Fe ddyfarnodd Derek Bevan yn y bedair cystadleuaeth gyntaf, yn 1987, 1991, 1995 ac 1999.

12 Yn 1999 fe giciodd Jannie de Beer bum gôl adlam (holl bwyntiau ei dîm) wrth i Dde Affrica guro Lloegr.

13 Yn 2011 fe arweiniodd Richie McCaw Seland Newydd i fuddugoliaeth yn erbyn y Ffrancwyr, a hynny er bod asgwrn wedi torri yn ei droed. Roedd wedi gwrthod cael prawf pelydr-x cyn y gêm, rhag ofn y byddai'n cael ei rwystro rhag chwarae.

14 Beth sydd gan yr unigolion canlynol yn gyffredin, ar wahân i'r ffaith eu bod nhw'n hyfforddwyr timau sydd wedi ennill Cwpan y Byd – Brian Lochore, Bob Dwyer, Kitch Christie, Rod Macqueen, Clive Woodward, Jake White a Graham Henry? Yn syml, maen nhw i gyd yn frodorion y wlad yr oedden nhw'n ei hyfforddi. Does yr un wlad gyda thramorwr yn hyfforddwr wedi ennill Cwpan Rygbi'r Byd.

15 Ond rhaid rhoi'r gair olaf yn y categori hwn i'r unigolyn mwyaf cofiadwy i gamu ar y maes mewn rownd derfynol. Pwy all anghofio rhif 6 enwocaf y Springboks a ddaeth i'r maes ar ddiwedd y gêm yn Ellis Park yn 1995 – Nelson Mandela? Dyna oedd yr eilwaith iddo fod yn y stadiwm arbennig honno. Ddeugain mlynedd ynghynt, roedd yn sefyll y tu ôl i fariau haearn y caets oedd yn rhannu'r bobl dduon oddi wrth y gwynion, ac roedd yn cefnogi tîm y Llewod yn erbyn De Affrica.

JANNIE DE BEER

ENWOGION O FRI!

1 Mae'n siŵr mai **Ernesto 'Che' Guevara** yw un o'r chwyldroadwyr enwocaf yn hanes diweddar y byd. Ond ei gariad cyntaf, heb amheuaeth, oedd rygbi. Cyn iddo gydio mewn gwn, arferai gydio mewn pâr o esgidiau rygbi a chwarae fel canolwr dawnus i sawl clwb yn yr Ariannin. Cymaint oedd ei gariad a'i obsesiwn at y gêm, fe fu'n golygu ac yn cyhoeddi cylchgrawn rygbi o'r enw *Tackle* ar ei liwt ei hun. Yr hyn sy'n eironig, wrth gwrs, yw mai gêm y dosbarth canol uwch yw rygbi yn yr Ariannin. Viva la revolución, Signor Guevara?

2 Daeth **Idi Amin** i sylw'r byd fel arlywydd ac unben creulon Uganda yn yr 1970au. Pan oedd yn y Fyddin Brydeinig Drefedigaethol, bu'n nofio'n gystadleuol a daeth yn bencampwr bocsio ei wlad. Yn ôl y sôn, fe ddatblygodd ei hoffter o rygbi pan oedd yn hyfforddi yn Sandringham, a daeth yn brop ac yn ail reng effeithiol iawn. Roedd stori ar led ei fod ar y fainc i XV Dwyrain Affrica pan chwaraeon nhw yn erbyn tîm y Llewod yn 1955, ond dyw e ddim yn ymddangos yn llun swyddogol y tîm nac yn rhaglen swyddogol y gêm.

3 Dangosodd cyn-brif weinidog Prydain **Gordon Brown** addewid mawr wrth chwarae rygbi yn yr ysgol uwchradd yn safle'r ail reng. Ond bu'r gêm yn gyfrifol am iddo golli ei olwg yn ei lygad chwith. Roedd Ysgol Kirkaldy yn chwarae yn erbyn tîm o gyn-ddisgyblion ac fe gafodd gic yn ei ben o fewn y ddwy funud gyntaf. Meddai Gordon Brown am y digwyddiad: "Roedd tîm o ddisgyblion ysgol yn chwarae yn erbyn tîm o gyn-ddisgyblion… ac mae'n siŵr i'r rheini benderfynu dangos pa mor gryf oedden nhw. Ges i gic yn fy mhen ac fe ddisgynnais i'n anymwybodol. Ond ar ôl dadebru, fe wnes i gario mlaen i chwarae." Er iddo gael sawl llawdriniaeth a gorfod treulio cyfnodau hir mewn stafell dywyll, methwyd achub ei lygad chwith. Mae'n dal i fod yn ffan mawr o'r gêm.

GORDON BROWN

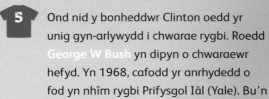 Fe chwaraeodd **Bill Clinton**, cyn-
arlywydd Unol Daleithiau America, fel
prop i drydydd tîm Prifysgol Rhydychen
pan ddaeth i'r brifysgol yn 1968 i
astudio athroniaeth, gwleidyddiaeth
ac economeg. Mae rhai'n dweud iddo
chwarae i dîm Little Rock yn Arkansas
wedi iddo ddychwelyd i'r Unol Daleithiau.

Ond nid y bonheddwr Clinton oedd yr
unig gyn-arlywydd i chwarae rygbi. Roedd
George W Bush yn dipyn o chwaraewr
hefyd. Yn 1968, cafodd yr anrhydedd o
fod yn nhîm rygbi Prifysgol Iâl (Yale). Bu'n

BILL CLINTON

chwarae fel cefnwr ac fel canolwr. Fe sgoriodd Bush gais yn y gêm sy'n rhan
o chwedloniaeth rygbi'r UDA, pan gurodd Iâl eu gwrthwynebwyr pennaf, sef
Prifysgol Harvard, am y tro cyntaf ers blynyddoedd.

Un person na fyddai wedi mwynhau clywed y canlyniad hwnnw fyddai **John F
Kennedy**, gan ei fod e'n arfer chwarae i Brifysgol Harvard. Yn anffodus, does
dim llawer o fanylion ar gael am yrfa rygbi JFK, er bod lluniau ohono yn y tîm
gyda'i frawd Joseph. Roedd **Teddy Kennedy** hefyd wedi chwarae i Harvard, ac
mewn un gêm yn erbyn Clwb Rygbi Efrog Newydd bu'n gyfrifol am ddechrau
o leiaf dri ffrwgwd! Yn ôl dyfarnwr y gêm, Teddy Kennedy oedd yr unig
chwaraewr iddo ei anfon oddi ar y cae mewn dros 30 mlynedd o ddyfarnu.

Ac yntau'n fab i ffermwr reis cyfoethog o ardal Ishikawa, fe gafodd cyn-brif
weinidog Japan **Yoshirō Mori** ei dderbyn i brifysgol enwog Waseda. Yno, fe
ymunodd â'r clwb rygbi a syrthio mewn cariad â'r gêm. Er na chwaraeodd i
safon arbennig o uchel, mae ei gariad at y gêm yn parhau hyd heddiw, gan
mai fe yw llywydd presennol Undeb Rygbi Japan. Diolch i'w ymdrechion
diflino, yn Japan y bydd Cwpan Rygbi'r Byd yn cael ei gynnal yn 2019.

Oeddech chi'n gwybod bod Dumbledore wedi chwarae rygbi? Wel, yr actor
ddaeth yn enwog am ei bortreadu ar y sgrin beth bynnag! Yn llanc ifanc yn
ninas Limerick, Iwerddon, fe chwaraeodd **Richard Harris** ail reng i dîm enwog
Garryowen, cyn symud ymlaen i chwarae i ieuenctid Munster. Ei freuddwyd

oedd cynrychioli Iwerddon, a phan oedd yn fachgen bach byddai'n creu pêl rygbi o ddarnau o hen glytiau ac yn ymarfer sgorio ceisiau ar hyd y cae. Yn ôl y gwybodusion, oherwydd ei fod yn gystal chwaraewr, roedd posibilrwydd cryf y gallai Harris fod wedi gwireddu ei freuddwyd, ond mae bywyd yn gallu bod yn greulon. Ac yntau ddim ond yn ei arddegau, fe gafodd ei daro gan y diciâu (TB), a dyna ddiwedd ar ei yrfa yn y byd rygbi.

Hyd ei farwolaeth yn 2002, roedd Harris yn mynnu y byddai'n fodlon anghofio am holl anrhydeddau'r byd actio a'r ffilmiau, er mwyn gallu chwarae rygbi unwaith dros Iwerddon. Cyn ei farw, roedd wedi gadael gorchymyn ei fod yn dymuno cael ei gladdu yn gwisgo crys ei annwyl dîm Munster. Roedd yn dal i ffitio yn yr union grys a wisgodd pan oedd yn cynrychioli tîm dan 20 y dalaith honno.

9 Petai Richard Harris wedi chwarae i Iwerddon, gallai fod wedi gwrthwynebu ei gyfaill mynwesol, Richard Burton. Roedd cariad Burton at y gêm yn chwedlonol, ac yn ôl y canolwr enwog Bleddyn Williams fe allai Burton fod wedi "mynd yn bell iawn" yn y gêm. Mae dyfyniad enwog gan Burton: "Byddai'n well gen i fod wedi chwarae rygbi dros Gymru na chwarae Hamlet yn theatr yr Old Vic."

RICHARD BURTON

10 Frankenstein! Wel, yr actor oedd yn enwog am chwarae rhan y cymeriad enwog hwnnw, Boris Karloff. Pan oedd yn byw yn Lloegr bu'n chwarae clo/wythwr i dimau Uppingham ac Enfield. Pan symudodd i fyw i Galifffornia roedd yn un o sylfaenwyr Clwb Rygbi De Califfornia.

11 Roedd Syr Terry Wogan yn dipyn o chwaraewr pan oedd yn fachgen yn Limerick, Iwerddon, a phan symudodd y teulu i Ddulyn, bu'n chwarae i dîm enwog Coleg Belvedere. Mewn cyfweliad diweddar, fe soniodd am anaf cas a gafodd i'w ben-glin wrth chwarae, anaf sydd wedi effeithio arno ers dros hanner canrif.

Shaken not stirred – mae'n debyg bod y James Bond presennol, **Daniel Craig**, wedi ysgwyd nifer o'i wrthwynebwyr ar y cae rygbi. Arferai Daniel chwarae i Glwb Rygbi Hoylake ger Lerpwl. Wrth ffilmio *Skyfall* yn ddiweddar bu tipyn o siarad am rygbi ar y set, gan fod **Javier Bardem**, y Sbaenwr oedd yn actio'r dihiryn Raoul Silva, wedi chwarae fel blaenasgellwr i dîm cenedlaethol ieuenctid Sbaen.

DANIEL CRAIG

Roedd **James Joyce**, yr awdur Gwyddelig enwog, yn ddilynwr brwd o'r gêm, ond ychydig sy'n gwybod ei fod hefyd wedi chwarae'r gêm pan oedd yn ifanc. Roedd yn asgellwr i Goleg Clongowes Wood yn Swydd Kildare. Ond mae'n rhaid ei fod yn hoffi gwylio yn fwy na chwarae, oherwydd dyma mae'n ei ddweud yn ei gampwaith llenyddol *A Portrait of the Artist as a Young Man*: "No serious rugby team is complete without at least one whingeing wally out on the wing…"

A beth am rai o'r Cymry enwog sydd wedi chwarae ar lefel uchel?
Dewi Pws – asgellwr i Bontypŵl; **Dafydd Hywel** – bachwr i Benybont; **Iolo Williams** – blaenasgellwr i Bedford; ac fe gafodd y cyflwynydd, **Gethin Jones**, gynnig treial i dîm Sale.

Ond stori ffug sy'n gorffen y categori hwn, ond stori ddifyr. Yn un o raglenni Cwpan Rygbi'r Byd yn 1995, honnwyd fod y Pab Ioan Pawl yr Ail wedi chwarae rygbi rhyngwladol dros Wlad Pwyl. Pan ofynnwyd i'r Fatican am gadarnhad, gwadu'r peth wnaethon nhw, gan ddweud ei fod wedi chwarae pêl-droed, yn y gôl, ond na chwaraeodd **Karol Józef Wojtyla** rygbi erioed. Piti!

GÊMAU TEBYG I RYGBI

Gŵr ifanc yn ysgol Rugby o'r enw **William Webb Ellis** oedd y cyntaf i chwarae rygbi, a hynny pan gododd y bêl a rhedeg gyda hi tra oedd yn chwarae pêl-droed yn yr ysgol fonedd honno yn 1823. Er bod tlws y gystadleuaeth wedi ei enwi ar ei ôl, celwydd, wrth gwrs, yw'r stori am Webb Ellis.

Mae'n dipyn mwy tebygol mai tarddu o hen gêmau traddodiadol wnaeth yr hyn r'yn ni'n ei adnabod fel rygbi heddiw. Dyma i chi rai gêmau sydd ag elfennau yn gyffredin gyda rygbi.

1 HARPASTUM

Gêm Rufeinig o'r chweched ganrif yw hon. Mae rhai'n mynnu mai datblygu'n raddol o'r gêm hon wnaeth ein gêm fodern ni.

2 PHAININDA

Wrth gwrs, dyw pethau byth mor syml ag y maen nhw'n ymddangos ar yr olwg gyntaf, oherwydd yn ôl y gwybodusion, datblygiad o'r gêm Roegaidd Phaininda oedd Harpastum. Bron 400 mlynedd cyn Crist roedd y bardd Groegaidd Antiphanes yn disgrifio'r gêm fel hyn: "Daliodd y bêl a'i phasio i'w gyd-chwaraewr, gan chwerthin wrth osgoi chwaraewr arall... trwy gydol yr amser roedd y dorf yn gweiddi, 'Rhy bell... dros ei ben e... ar hyd y llawr... lan i'r awyr... rhy fyr... pasiwch 'nôl i'r sgrym'..."

Felly, mae'n eithaf posib fod y Rhufeiniaid, ar ôl concro Groeg rhyw ganrif a hanner cyn Crist, wedi dod ar draws y gêm Phaininda a'i datblygu. Ond eto, mae rhai'n mynnu bod dylanwadau o'r Dwyrain Canol, China neu hyd yn oed Japan ar y Rhufeiniaid.

3 CAID (neu Cad)

Gêm a chwaraeid ar draws y gwledydd Celtaidd yw hon. Ystyr y gair 'caid', yw pwrs tarw – cyfeiriad, efallai, at y bêl a ddefnyddid.

4 CNAPAN

Wrth gwrs, bydden ni'r Cymry yn mynnu mai amrywiad ar y gêm Cnapan, a oedd yn boblogaidd yng Nghymru, yn enwedig yn y gorllewin, oedd Caid. Mae'r cofnod olaf o gêm Cnapan yn sôn am gêm yng Nghastell Nedd yn 1884, wyth mlynedd ar ôl sefydlu Cymdeithas Bêl-droed Cymru yn 1876. Roedd y gêm yn aml yn cael ei chwarae gan dimau o wahanol bentrefi a byddai'n mynd yn ffyrnig iawn weithiau! Doedd dim cyfyngiad ar nifer y bobol a allai chwarae mewn tîm!

5 BA

Gêm debyg i Cnapan sy'n boblogaidd yn yr Alban, ar strydoedd Kirkwall ar Ynysoedd Orkney yn benodol, yw Ba. Un ffaith ddifyr am y fersiwn Albanaidd yw nad oes gan unrhyw chwaraewr yr hawl i gicio'r bêl. Mae sgrym yn ffactor bwysig yn y gêm ac weithiau mae hyd at 350 o ddynion yn ffurfio sgrym! Mae fersiynau Ba Merched a Ba Bechgyn yn cael eu chwarae hefyd. Mae gêm yn cael ei chwarae rhwng dau dîm, yr Uppies a'r Doonies, adeg y Nadolig a'r Calan ac yn dechrau pan fydd cloc yr eglwys yn taro un o'r gloch. Mae'n gallu para rhwng pump ac wyth awr!

6 KNATTLEIKR

Roedd hon yn gêm debyg a fyddai'n cael ei chwarae gan y Llychlynwyr. Un gwahaniaeth sylfaenol oedd eu bod yn defnyddio darnau o bren i daro'r bêl. Gan fod y Llychlynwyr wedi cael cryn ddylanwad ar Iwerddon, mae'n bosib gweld cysylltiad gyda'r gêm sy'n rhif 7.

7 HURLING THE SILVER BALL

Gêm debyg eto sy'n boblogaidd iawn yng Nghernyw. Gelwir hi'n 'Hurling the Silver Ball' oherwydd y bêl sy'n cael ei defnyddio wrth chwarae. Taflu'r bêl mae'r chwaraewyr, nid defnyddio ffon bren i'w tharo fel yn Iwerddon. Mae'r gêm yn cael ei chwarae bob blwyddyn gan blant ar draeth a strydoedd St Ives. Mae'r plentyn sy'n dal y bêl pan mae cloc yr eglwys yn taro deuddeg yn ennill gwobr.

8 LA SOULE

Gêm a ddatblygodd yn Normandi a Phicardi yng ngogledd Ffrainc yw La Soule, neu Choule. Mae cofnod o un gêm hynod filain yn cael ei chwarae o flaen eglwys Saint-Eustache ym Mharis yn 1393, er bod y brenin Philippe V wedi ceisio gwahardd y fath gêmau. Gallai hyd at 250 fod mewn un tîm ac mae cofnod o gêmau'n para diwrnodau, pan fyddai un tîm yn llwyddo i gael y bêl i ddrws eglwys y tîm arall.

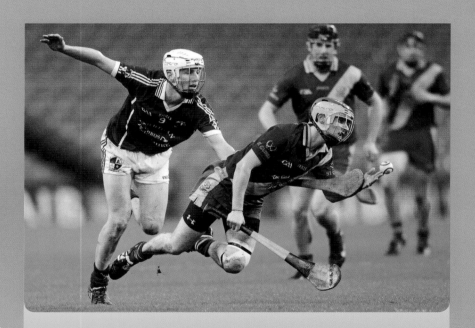

9 HURLING

Gêm sy'n cael ei disgrifio fel 'y gêm gyflymaf sy'n cael ei chwarae ar wair'. Yn Iwerddon y chwaraeir hi yn bennaf, ac mae'n boblogaidd iawn hyd heddiw. Mae torf o tua 80,000 yn mynd i weld y ffeinal bob blwyddyn. Mae pyst tebyg iawn i rygbi bob ochr i'r cae ac mae'r bêl fach yn cael ei tharo gyda ffon bren. Ceir 1 pwynt am daro'r bêl dros y bar a 3 am sgorio gôl o dan y bar. Mae wedi bod yn gêm boblogaidd yn Iwerddon ers tua 2,000 o flynyddoedd.

10 SHINTY

Gêm debyg eto, sy'n cael ei chwarae yn yr Alban, ac sy'n gyfuniad o *hurling* a hoci. Mae 12 aelod ym mhob tîm. Mae rhai'n honni bod Quidditch, sef y gêm y mae Harry Potter yn ei chwarae yn llyfrau J K Rowling, wedi ei seilio ar Shinty.

11 CAMPBALL

Roedd y gêm hon yn boblogaidd iawn yn Nwyrain Lloegr, yn enwedig yn ardal Norfolk. Disgrifiwyd Campball, neu Camping, fel y gêm beryclaf yn Ewrop, ac mae'n debyg mai dyna pam i'r gêm ddiflannu yn y bedwaredd ganrif ar bymtheg. Mae cofnod bod naw dyn wedi marw yn ystod un gêm. Yn ddiddorol, yn y geiriadur Saesneg/Lladin cyntaf erioed, y *Promptorium parvulorum* a gyhoeddwyd tua canol y bymthegfed ganrif, cyfeirir at y gêm fel Campan.

12 PEIL GHAELACH

Ceir y cyfeiriad cyntaf at bêl-droed Gwyddelig yn Statud Galway yn 1527. Mae'n caniatáu chwarae 'fute ball' ond yn gwahardd 'hokie', sef *hurling*.

13 KI-O-RAHI

Dyma gêm sy'n gyfarwydd iawn i Faoris Seland Newydd, er bod dadlau ynghylch pa mor hen yw'r gêm mewn gwirionedd. Y farn gyffredin yw ei bod yn dyddio 'nôl ymhell cyn i'r Ewropeaid gyrraedd. Wayne 'Buck' Shelford, a enillodd Gwpan Rygbi'r Byd gyda Seland Newydd yn 1987, yw'r unig un i gynrychioli ei wlad ar y cae rygbi a'r maes Ki-o-rahi, wedi iddo chwarae yn erbyn Ffrainc yn 2010.

14 CUJU

Gêm oedd yn boblogaidd iawn yn China ond oedd hefyd yn cael ei chwarae yn Japan, Corea a Fietnam yw Cuju. Mae'r disgrifiad cyntaf o'r gêm yn dyddio o deyrnasiad yr Han yn China, pan mae'n cael ei disgrifio fel gêm i hyfforddi milwyr. Doedd dim hawl cyffwrdd y bêl gyda'r dwylo.

15 MARN GROOK

Gêm yw hon a chwaraeid gan lwythau brodorol Awstralia ymhell cyn i unrhyw un o gyfandir Ewrop gyrraedd yno. Yn ôl rhai, mae un term rygbi cyfoes yn tarddu o'r gêm hon. Defnyddid y term brodorol 'mumarki', gair sy'n golygu 'daliad' yn iaith y brodorion. Mae rhai'n mynnu mai dyna darddiad y term cyfoes 'galw am farc' ar feysydd rygbi. Diddorol efallai, ond mae'n debygol o fod yn ddi-sail!

CYFRAITH A THREFN

1 Ar ddechrau hanes y gêm, doedd dim dyfarnwyr na llumanwyr. Capteiniaid y ddau dîm fyddai'n trafod cyn gêm pa reolau oedd yn mynd i gael eu defnyddio yn yr ornest arbennig honno. Fe allai'r rheolau newid yn sylfaenol o un gêm i'r llall.

Dim ond yn 1892, wrth i rygbi ledaenu'n rhyngwladol ac yna, ar ôl i'r Bwrdd Rygbi Rhyngwladol (IRB) gael ei greu y daeth hi'n orfodol i gael dyfarnwr a dau lumanwr i reoli'r gêm.

2 Yn rhyfeddol, aeth dros chwarter canrif heibio cyn i ni gael y cofnod swyddogol cyntaf o chwaraewr yn cael ei anfon o'r cae. Cymro oedd yn gyfrifol am y penderfyniad hanesyddol hwnnw. Ar 3 Ionawr 1925, mewn gêm danllyd rhwng Lloegr a Seland Newydd, fe anfonwyd blaenwr y Crysau Duon oddi ar y cae am gicio un o flaenwyr Lloegr. Cymro o Gastell Nedd, **Albert Freethy** (a ddyfarnodd rownd derfynol yn y Gêmau Olympaidd yn 1924), oedd y dyfarnwr a gythruddodd chwaraewyr ac aelodau'r wasg yn Seland Newydd.

3 Yn y 1990au y dechreuwyd defnyddio cardiau coch a chardiau melyn mewn gêmau, er bod cryn arbrofi wedi digwydd cyn hynny, yn enwedig yn hemisffer y de.

4 Dangoswyd y cerdyn melyn cyntaf mewn gêm ryngwladol yn ystod taith Seland Newydd i Ffrainc yn 1995. Wedi i glo'r Crysau Duon, **Mark Cooksley**, daro ei wrthwynebydd, fe ddangosodd y dyfarnwr o Iwerddon, **Gordon Black**, y cerdyn melyn iddo. Dim ond yn ddiweddarach y sylweddolodd Black nad oedd yr arfer o ddefnyddio cardiau melyn wedi ei fabwysiadu'n swyddogol mewn rygbi rhyngwladol eto!

5 **Ben Clarke** o Loegr oedd y cyntaf i dderbyn cerdyn melyn swyddogol mewn gêm brawf, a hynny wedi iddo gicio **Simon Geoghegan**, asgellwr Iwerddon, yn 1995. Ond bryd hynny, dim ond rhybudd oedd cerdyn melyn ac roedd y chwaraewr yn cael aros ar y cae. Ar ôl Cwpan y Byd 1999 y daeth y cerdyn melyn i olygu deg munud oddi ar y cae.

6 Roedd **Ben Clarke** yn rhan o ddigwyddiad hanesyddol arall hefyd yn yr un flwyddyn. Fe dderbyniodd **John Davies**, cyn-brop y Scarlets a Chymru, y cerdyn coch cyntaf erioed ym Mhencampwriaeth y Pum Gwlad a hynny, mae'n debyg, am sathru ar y bonheddwr Clarke.

7 Yn Ionawr 2013, dyfarnwr ifanc a chyn-ddisgybl o Ysgol y Creuddyn, **Rhys Thomas**, oedd y dyfarnwr cyntaf yn y byd i ddyfarnu gêm a oedd yn cael ei chwarae ar gae artiffisial.

8 **Dana Teagarden** o Golorado oedd y ferch gyntaf i ddyfarnu gêm ryngwladol. Hi oedd yng ngofal y gêm rhwng Hong Kong a'r Iseldiroedd yn 2010.

9 Yn 2010 fe welodd y miloedd oedd yn gwylio Munster yn chwarae yn erbyn Glasgow olygfa nas gwelwyd o'r blaen, sef y dyfarnwr yn siarad â'r pedwerydd swyddog (TMO) ar ffôn symudol. Pwy oedd y dyfarnwr? Neb llai na **Nigel Owens**. "Roedd y system gyfathrebu arferol wedi torri, a dyna oedd yr unig ffordd i ni gyfathrebu gyda'n gilydd," meddai Nigel.

10 **Matt Carley** oedd y dyfarnwr cyntaf erioed i wisgo'r 'refcam' mewn gêm gystadleuol, pan chwaraeodd Newcastle Falcons yn erbyn London Scottish yn Rhagfyr 2012.

11 Mae gan **Nigel Owens** reswm arall i ddweud ei fod wedi arloesi yn y byd dyfarnu. Nigel oedd y dyfarnwr cyntaf erioed i gael ei weld a'i glywed ar y teledu yn defnyddio meicroffon personol, a hynny ar gyfer rhaglen ddogfen S4C *C'mon Reff* yn 1994. Y ddau dîm oedd yn chwarae oedd ail dimau Pontiets a Ffwrnes.

COLIN CHARVIS

12 Yn 2012 fe ddanfonodd dyfarnwr yn Ne America gyfanswm o 36 o chwaraewyr o'r cae am ymladd! Roedd y gêm rhwng Teniente Fariña a Libertad yn Paraguay wedi bod yn gêm danllyd iawn, ac ychydig cyn y diwedd fe ddangosodd Nestor Guillen y cerdyn coch i ddau chwaraewr am ymladd. Chymeron nhw ddim sylw ohono, ac o fewn dim roedd pob un o'r ddau dîm, yr eilyddion a rhai o'r swyddogion yn ymladd yn ffyrnig. Dihangodd y dyfarnwr i'r ystafell newid gyda'i ddau lumanwr a chyhoeddi ei fod wedi dangos cerdyn coch iddyn nhw i gyd!

13 Marco Bortolami, clo'r Eidal, sydd wedi derbyn y nifer mwyaf o gardiau melyn mewn gêmau rhyngwladol – cyfanswm o chwech.

14 Colin Charvis a Gethin Jenkins sy'n dal y record honno i Gymru. Mae'r ddau wedi gweld y cerdyn melyn bedair gwaith mewn gêmau rhyngwladol.

15 Yn 1985, cafodd y dyfarnwr George Crawford gymaint o lond bol ar yr ymladd rhwng chwaraewyr Bryste a Chasnewydd nes iddo gerdded o'r cae, cael cawod a gyrru o'r maes. Yn ffodus i'r ddau dîm, roedd dyn tân yn y dorf oedd hefyd yn ddyfarnwr, ac fe gymerodd at yr awenau am weddill y gêm.

DYFYNIADAU

1 "Yn 1823, medden nhw, fe gododd William Webb Ellis y bêl a rhedeg â hi yn ei ddwylo. Byth ers hynny mae blaenwyr wedi bod yn ceisio dyfalu pam."
Syr Tasker Watkins, cyn-Lywydd Undeb Rygbi Cymru

2 "Ro'n i'n gwbod na fydde Huw byth yn chwarae i Gymru, ma fe'n *tone deaf*."
Vernon Davies, wedi i'w fab Huw gael ei ddewis i chwarae i Loegr, er bod ganddo'r hawl i chwarae i Gymru

3 "Mae'r berthynas rhwng Cymru a Lloegr wedi ei hadeiladu ar ymddiriedaeth a dealltwriaeth. Dydyn nhw ddim yn ymddiried ynddon ni a dydyn ni ddim yn eu deall nhw."
Dudley Wood, Cyn-Ysgrifennydd Undeb Rygbi Lloegr

4 "Dwi'n credu'ch bod chi'n mwynhau'r gêm yn well os d'ych chi ddim yn deall y rheolau – o leia r'ych chi 'run peth â'r dyfarnwyr wedyn."
Jonathan Davies, *A Question of Sport* BBC

5

"Mae'n rhaid i chi gael eich tacl gynta i fewn yn gynnar yn y gêm, hyd yn oed os bydd hi'n dacl hwyr."
Ray Gravell

6 "Ma rygbi fel sioe angerddol – dawns, opera ac, yn sydyn, gwaed yr helfa."
Richard Burton, yr actor o Bontrhydyfen.

7 "Y prif wahaniaeth rhwng chwarae rygbi'r gynghrair a rygbi'r undeb yw 'mod i bellach yn cael hangofyr ar ddydd Llun yn hytrach na dydd Sul."
Tom David, cyn-flaenasgellwr Cymru a drodd i chwarae rygbi'r gynghrair gyda Dreigiau Caerdydd.

8 "Peidiwch sôn wrtha i am emosiwn – dwi'n un o'r rhai sy'n llefen wrth wylio *Little House on the Prairie*."
Bob Norster, cyn-chwaraewr Cymru a Chaerdydd.

9 "Edrychwch be maen nhw wedi'i wneud i Gymru – dwyn ein glo ni, dwyn ein dŵr a'n dur ni. Maen nhw'n prynu'n tai ni a dim ond yn byw ynddyn nhw am bythefnos bob blwyddyn. A be maen nhw wedi ei roi i ni? Dim. Dim byd o gwbwl. R'yn ni wedi cael ein camddefnyddio, ein treisio, ein rheoli a'n cosbi gan y Saeson – a dyna pwy r'ych chi'n chwarae yn eu herbyn y pnawn 'ma."
Phil Bennett, capten Cymru wrth y tîm cyn wynebu Lloegr yn 1977.

10 "Gyrhaeddes i cyn gynted ag y gallen i."
Ray Gravell ar ôl i ddyfarnwr ei ddwrdio a'i gosbi am wneud tacl hwyr.

11 "Mae'n well gen i rygbi na phêl-droed. Dwi'n mwynhau'r ffyrnigrwydd, heblaw pan maen nhw'n cnoi clustiau'i gilydd bant."
Elizabeth Taylor, gwraig Richard Burton.

12 "Dwi'n falch mai Gweinidog Cyllid Iwerddon wyt ti, achos os bydde dy rygbi di unrhyw beth i'w wneud â'r peth byddet ti'n Weinidog Amddiffyn uffernol!"
Ray Gravell wrth ei gyfaill **Dick Spring**, cyn-gefnwr Iwerddon a Gweinidog Cyllid y wlad ar y pryd, mewn cinio yng Ngholeg y Drindod, Dulyn.

13 "Lawr ar y Strade, maen nhw'n dweud os lwyddwch chi i'w ddal e, fe gewch chi wneud dymuniad."
Bill McLaren am **Phil Bennett**.

14 "R'yn ni wedi colli saith mas o'n wyth gêm ddwetha. Yr unig dîm i ni guro oedd Gorllewin Samoa. Diolch byth bod ni ddim yn chware Samoa gyfan."
Gareth Davies, cyn-faswr Cymru.

15

"Dim arweiniad, dim syniadau a dim digon o ddychymyg i daflu dwrn pan nad oedd y dyfarnwr yn edrych."
JPR Williams, wedi i Gymru golli 28–9 yn erbyn Awstralia.

PWY SY'N PERTHYN?

Ar hyd y blynyddoedd mae amryw o chwaraewyr sy'n perthyn i'w gilydd wedi chwarae rygbi rhyngwladol – Underwood, Youngs, Ella, Lamont, Bergamasco, Hastings, Kearney, Contepomi, Du Plessis, Brook, Camberabero, Wallace... Amhosib fyddai mynd ar drywydd pob un, wrth gwrs, ond dyma rai ohonyn nhw.

1 Does dim amheuaeth pa frodyr sydd yn dal y record fwyaf hynod. Pum brawd yn chwarae yn yr un gêm!

Fe chwaraeodd y brodyr **Skofic** – **Archie, Jack, Frank, George** a **Max** – i Slofenia yn erbyn Bwlgaria ar 12 Ebrill 2014. O ogledd Lloegr roedd y brodyr yn dod, ond roedden nhw o dras Slofenaidd. Fe orffennodd y gêm gyda'r pum brawd ar y cae. Wrth i Slofenia guro Bwlgaria o 43 pwynt i 17, fe sgoriodd George gais ac fe droswyd un cais gan ei frawd, Frank.

2 Cyn camp y brodyr Skofic, efallai mai'r brodyr enwocaf i chwarae rygbi rhyngwladol oedd y brodyr **Tuilagi**. Fe chwaraeodd pedwar ohonyn nhw i dîm llawn Samoa yn ystod yr 1980au a'r 1990au. Fe chwaraeodd y pumed i dîm dan 20 Samoa ac, wrth gwrs, mae'r brawd ieuengaf, **Manu**, wedi chwarae i Loegr.

3 Chwarae i'r un tîm rhyngwladol wnaeth y brodyr Skofic. Ond dychmygwch fod yn rhieni i'r brodyr **Tagicakibau** a gorfod penderfynu pa wlad i'w chefnogi. Mae Michael (sydd yn chwarae i'r Scarlets erbyn hyn) yn chwarae i Ffiji, tra bod ei frawd, Sailosi, yn chwarae i Samoa. Roedd y ddau i fod i wynebu ei gilydd yng Nghwpan y Byd 2011, ond oherwydd anaf wnaeth Michael ddim chwarae.

4 **Stephen** a **Graeme Bachop**. Rhwng 1991 ac 1999 fe gafodd Stephen bum cap i Seland Newydd ac 18 cap i Samoa. Er bod Graeme wedi ennill 31 o gapiau i Seland Newydd rhwng 1987 ac 1998, yn 1999 fe chwaraeodd wyth gwaith i Japan! Yng Nghwpan y Byd 1991 fe wynebodd y brodyr ei gilydd, Stephen yn chwarae i Samoa a Graeme i Japan. Samoa enillodd, 43–9.

5 Dyw hi ddim yn hawdd clodfori'r Saeson, ond mae'n anodd curo camp y Cohens. Yn 1966 roedd George Cohen yn gefnwr de yn nhîm pêl-droed Lloegr a enillodd Gwpan Pêl-droed y Byd. 37 mlynedd yn ddiweddarach roedd ei nai, Ben Cohen, ar yr asgell wrth i Loegr ennill Cwpan Rygbi'r Byd yn Awstralia.

6 A oes efeilliaid wedi chwarae rygbi rhyngwladol? Wel, beth am Jim a Finlay Calder o'r Alban? Fe wnaethon nhw chwarae i'r Alban ac i'r Llewod, ond erioed gyda'i gilydd. Jim chwaraeodd gyntaf i'r Llewod, yn 1983, a Finlay oedd capten y Llewod pan gipion nhw'r gyfres yn erbyn Awstralia, 2–1, yn 1989.

7

Mae nifer o frodyr wedi cynrychioli'r Alban, 46 pâr i gyd. Arthur, James a Ninian Finlay oedd y cyntaf, yn erbyn Lloegr yn 1875. Ond efallai mai'r brodyr enwocaf oedd Scott a Gavin Hastings. Fe wnaethon nhw chwarae droeon gyda'i gilydd, gyda Gavin yn ennill 61 o gapiau a Scott yn ennill 64. Ond efallai mai'r peth hynotaf amdanyn nhw oedd mai nhw oedd y pâr cyntaf o frodyr i chwarae gyda'i gilydd ar ddwy daith y Llewod (1989 ac 1993).

8 Roedd hyfforddwr presennol Lloegr, **Andy Farrell**, eisoes yn cael ei gydnabod fel un o chwaraewyr chwedlonol rygbi'r gynghrair pan ymunodd â thîm rygbi'r undeb y Saraseniaid yn 2005. Yn 2008, daeth yn gapten y tîm, a dyma'r flwyddyn pan arwyddodd y Saraseniaid ei fab 16 oed, **Owen** (maswr Lloegr bellach). Dyna'r tro cyntaf i dad a mab chwarae yn yr un garfan.

9 Mae'n bryd i ni droi at Gymru. Teulu brenhinol rygbi Cymru yw'r Quinnells. Fe serennodd Derek, y tad, i'r Llewod yn 1971 cyn cynrychioli Cymru 23 o weithiau.

Wedyn daeth Scott, y mab hynaf. Chwaraeodd i Gymru 51 o weithiau a sgorio 11 cais.

Craig oedd y nesaf. Fe gafodd yntau 32 o gapiau i Gymru a sgorio pum cais.

Gavin Quinnell oedd y brawd ieuengaf, ac roedd disgwyl iddo yntau hefyd gyrraedd y brig. Chwaraeodd i'r Scarlets ac i Lanelli, ond mewn gêm yn erbyn Cross Keys yn 2010 bu'n ddigon anffodus i gael ergyd a barodd iddo golli ei olwg yn ei lygad chwith, gan ddod â'i yrfa i ben yn gynnar.

A beth am Mrs Quinnell, gwraig Derek? Mae hi'n chwaer i'r brenin ei hun, Barry John. Am deulu talentog!

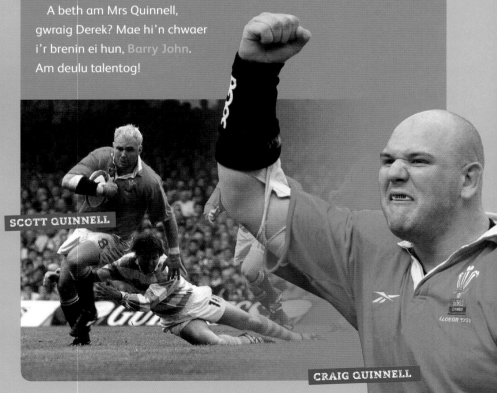

SCOTT QUINNELL

CRAIG QUINNELL

10 Fe wnaeth tad a mab, y ddau'n chwarae i Aberafan, chwarae rygbi rhyngwladol. Yn 1938–9 fe enillodd Walter Vickery bedwar cap i Gymru, ond 33 o flynyddoedd ynghynt roedd ei dad, George, wedi cynrychioli Lloegr, er ei fod yn chwarae i Aberafan.

Mewn gwirionedd fe allai'r un peth fod wedi digwydd gyda Jim a Tom Shanklin. Roedd Jim, y tad, wedi chwarae i Gymru ar ddechrau'r 1970au. Fe gafodd Tom, y mab, gynnig i ymuno â charfan Lloegr (fe'i ganwyd yn Lloegr) gan Clive Woodward. Gwrthod y cynnig wnaeth Tom a dewis chwarae dros hen wlad ei dadau. Pan gafodd Tom ei ddewis i chwarae yn ei gêm gyntaf, yn Japan, fe fynnodd Jim fynd yr holl ffordd yno i'w weld yn chwarae.

11 Dyma'n sicr y stori fwyaf difyr am frodyr fu'n chwarae i Gymru, sef Evan a David James, gweithwyr copr o Abertawe. Dechreuodd y ddau chwarae i Abertawe yn safle'r haneri yn 1889. Roedd y straeon am driciau'r ddau wrth chwarae yn chwedlonol, a chawson nhw'r llysenw 'Marmosets', am eu bod yn fwncïod bach drygionus.

Fe chwaraeon nhw gyntaf i Abertawe yn 1889, cyn symud ymlaen i chwarae i Gymru. Ond yr hyn sy'n eu gwneud yn arbennig yw mai nhw oedd y cyntaf i ddod yn ôl i chwarae gêm yr undeb ar ôl iddyn nhw droi'n broffesiynol a chwarae rygbi'r gynghrair. Wnaeth neb hynny wedyn tan Jonathan Davies yn 1995.

Yn 1892 fe chwaraeodd y ddau i Broughton Rangers, ger Manceinion, a chael cynnig swydd am £2 yr wythnos. Fe ddyfarnodd yr undeb fod hyn yn eu gwneud yn chwaraewyr proffesiynol ac fe'u gwaharddwyd rhag chwarae rygbi'r undeb fyth eto. Bu protestio mawr, a'r canlyniad fu i'r undeb gynnal gwrandawiad arbennig i drafod tynged y ddau frawd. Daeth miloedd allan ar y stryd yn Abertawe i glywed canlyniad yr apêl, a fu'n llwyddiannus, a'r brodyr James oedd y rhai cyntaf i gael dod yn ôl i chwarae rygbi'r undeb.

Fe fuon nhw'n chwarae i Abertawe tan 1896, pan brofodd cynnig hael Broughton Rangers yn ormod i'r ddau eto. Y cynnig oedd £225 o daliad yn syth bìn, £2 y gêm a chael tafarn yn anrheg! Fe gododd y ddau eu pac eto, a'r tro hwn fe aethon nhw ag 16 o'r teulu gyda nhw.

12 Fe greodd James a Robert Lewis rywfaint o hanes yn 2009. Nhw oedd yr efeilliaid cyntaf erioed i gynrychioli'r Barbariaid, a hynny 30 mlynedd yn union ers i'w tad Steve chwarae i'r Barbariaid yn 1979.

13 Y brodyr cyntaf o Gymru i chwarae i'r Llewod oedd Teddy a William Morgan o Aberdâr. Roedd Teddy yn chwarae i Abertawe a Chymry Llundain a sgoriodd y cais pan gurodd Cymru Seland Newydd am y tro cyntaf mewn gêm hanesyddol yn 1905. Bum mlynedd wedyn, fel enillodd William Morgan ei unig gap dros Gymru.

Fe aeth Teddy ar daith y Llewod yn 1904 ac fe aeth William ar daith gyda thîm cyfun Lloegr a Chymru i Awstralia yn 1908, cyn iddo chwarae i Gymru yn 1910. Pan ddaeth ei ddyddiau yn chwarae i Gaerdydd i ben yn 1912, William oedd un o'r Cymry cyntaf i fynd i chwarae yn Ffrainc, lle cafodd e'r llysnew Billy Bordeaux!

14 Yn 2012 fe greodd Ken a Vicky Owens hanes fel y brawd a'r chwaer cyntaf erioed i chwarae rygbi i Gymru yn Twickenham. Dyna pryd y dechreuodd Ken, capten y Scarlets, i Gymru am y tro cyntaf.

Bum munud ar hugain ar ôl gêm y dynion, daeth tro Vicky i herio'r Saeson ar gae HQ gyda thîm y merched. Gan ei bod dair blynedd yn iau na Ken, mae hi wrth ei bodd yn dweud mai hi gafodd gap yn gyntaf!

15 Ac yn olaf, er nad ydyn nhw'n perthyn yn swyddogol, mae'n werth crybwyll 'teulu'r Jonesiaid a gynrychiolodd Gymru yn erbyn De Affrica ym mis Tachwedd 2004. Roedd chwe Jones ar y cae ar ddechrau'r gêm: Stephen Jones, Duncan Jones, Steve Jones, Adam Jones, Dafydd Jones, Ryan Jones.

AM Y CYNTAF!

 1   Y clwb rygbi cyntaf. Mae hyn yn achos dadlau chwyrn. Yn swyddogol, mae'r anrhydedd o fod y clwb rygbi swyddogol cyntaf yn mynd i glwb ysbyty Guys yn Llundain a sefydlwyd yn 1843. Ond mae rhai arbenigwyr yn mynnu bod clwb rygbi eisoes yn bodoli ym Mhrifysgol Caergrawnt a gafodd ei sefydlu bedair blynedd ynghynt.

    Ond yn ôl y Gwyddelod, nonsens llwyr yw hynny, gan fod clwb rygbi hynaf y byd yn Nulyn. Roedd clwb yn bodoli ym Mhrifysgol y Drindod Dulyn yn 1934, naw mlynedd cyn ysbyty Guys.

2   Chwaraewyd y gêm ryngwladol gyntaf yn 1871 rhwng yr Alban a Lloegr yng Nghaeredin. Yr adeg hon roedd 20 o chwaraewyr ym mhob tîm. Roedd chwaraewyr Lloegr yn eu crysau gwyn arferol ond crysau brown oedd gan yr Alban. Yr Albanwyr a orfu, ac Albanwr, **Angus Buchan**, sydd â'r fraint o fod y chwaraewr cyntaf erioed i sgorio cais mewn gêm ryngwladol.

3   Yn 1853 y gwelwyd y llinell 25ain ar y cae (neu'r 22 metr erbyn hyn).

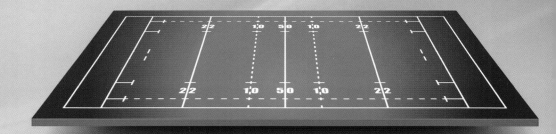

4 Ym mis Tachwedd 1878 y defnyddiwyd pêl wen am y tro cyntaf. Roedd hi'n gêm fin nos ym mharc Old Deer (cartref y Cymry yn Llundain am flynyddoedd) rhwng Surrey a Middlesex. Er mwyn galluogi'r chwaraewyr i weld y bêl yn well peintiwyd y bêl yn wyn a goleuwyd y cae â phedair lamp.

5 Gwelwyd y gêm fyw gyntaf ar y teledu yn 1935, rhwng yr Alban a Lloegr ym Murrayfield. Wyth mlynedd ynghynt clywyd y sylwebaeth gyntaf o gêm rygbi ryngwladol ar y radio, gyda'r enwog Teddy Wakeham yn disgrifio'r chwarae o Twickenham. Lloegr a Chymru oedd y timau a'r tîm cartref oedd yn fuddugol o 11 i 9.

6 Ym Melrose yr Alban y mae'r cofnod cyntaf o chwarae'r gêm saith bob ochr gyntaf, a hynny yn 1883. Er mwyn codi arian i'r clwb lleol, cafodd gŵr o'r enw Ned Haig y syniad o gynnal twrnament rygbi. Ond gan nad oedd hi'n bosib cynnal nifer o gêmau ar yr un prynhawn fe gafodd y syniad o leihau nifer y chwaraewyr i saith.

7 Mike Gibson, canolwr Iwerddon, oedd yr eilydd cyntaf erioed mewn gêm rygbi. Yn ystod taith y Llewod i Dde Affrica yn 1968, daeth Gibson i'r cae yn lle Barry John ar ôl i hwnnw gael ei anafu. Cyn 1968 nid oedd hawl i eilyddio.

8 Chwaraewyd y gêm gyntaf dan lifoleuadau yn 1878 yng Ngogledd Lloegr – Broughton yn erbyn Swinton. Roedd y cwmnïau trydan newydd yn awyddus i ddangos y dechnoleg newydd, ac fe wnaethon nhw osod dwy lamp enfawr 30 troedfedd uwchben y cae.

9 Mae'r cofnod cyntaf am ddefnyddio sgorfwrdd swyddogol yn mynd yn ôl i 1900, i Baris. Mewn llun o'r sgorfwrdd, mae'r pennawd: *Le tableau d'afficiage, une heurese innovation.* (Y sgorfwrdd swyddogol, dyfais hapus)

10 Thomas Gisborne Gordon oedd y chwaraewr un llaw cyntaf, a'r unig un, i chwarae rygbi rhyngwladol. Roedd wedi colli ei law mewn damwain saethu rai blynyddoedd ynghynt. Cafodd dri chap dros Iwerddon, y cyntaf yn 1877 yn erbyn Lloegr. Hon oedd y gêm ryngwladol gyntaf gyda 15 chwaraewr ym mhob tîm. Cyn hynny roedd 20 chwaraewr.

11 Chwaraewyd y gêm ryngwladol gyntaf dan do ym mis Tachwedd 2000, rhwng Cymru ac Awstralia yn Stadiwm y Mileniwm.

12 Roedd chwaraewyr Ffiji wedi chwarae yn droednoeth am flynyddoedd lawer, ond yn 1938, yn erbyn Maoriaid Seland Newydd, fe benderfynon nhw wisgo sgidiau rygbi am y tro cyntaf erioed. Fodd bynnag, yn ystod y gêm fe wnaeth nifer o'r chwaraewyr ddiosg y sgidiau gan eu bod yn teimlo eu bod yn cael eu llyffetheirio rhag chwarae'n iawn.

13 Y tîm cyntaf i hedfan ar daith rygbi oedd y Crysau Duon yn 1947. Fe hedfanwyd y tîm o Auckland i Awstralia mewn dwy siwrnai.

14 Mae'r nifer o bwyntiau a ddyfernir am sgorio cais wedi newid ar hyd y blynyddoedd. Ond pan newidiwyd gwerth cais i 5 pwynt yn 1992 Va'aiga Tuigamala, asgellwr y Crysau Duon, oedd y cyntaf i sgorio cais pum pwynt. Y Cymro cyntaf i wneud hynny oedd Ieuan Evans yn erbyn Lloegr yn 1993.

15 Defnyddiwyd y dyfarnwr fideo am y tro cyntaf erioed yn Albury ger Auckland yn y gêm rhwng Seland Newydd a Tonga. Yr enwog Steve Walsh oedd y dyfarnwr hwnnw.

IEUAN EVANS

RYGBI CYMRU

1 Mae'n anodd dweud gyda sicrwydd ymhle yng Nghymru y chwaraewyd rygbi gyntaf. Yn ôl rhai arbenigwyr mae gan dref Llanbedr Pont Steffan le i hawlio mai yno y dechreuodd rygbi ddatblygu. Y gred yw bod is-ganghellor ac athro Hebraeg Coleg Dewi Sant, Rowland Williams, wedi dod â'r gêm yno pan ymunodd â staff y coleg o Brifysgol Caergrawnt yn 1854. Does neb yn sicr pryd y datblygodd clwb yn y dref ei hun, ond y tebygrwydd yw bod hynny o gwmpas 1875.

2 Yn ôl rhai gwybodusion, fe chwaraewyd y gêm swyddogol gyntaf yng Nghymru rhwng Coleg Dewi Sant, Llanbed a Choleg yr Iesu, Aberhonddu. Ond ymhle yn union? Yn ôl y sôn, doedd yr un o'r ddau dîm am roi mantais i'r tîm arall drwy adael iddyn nhw chwarae 'adre' felly benthycwyd cae gan ffermwr lleol ym mhentref Caio, tua hanner ffordd rhwng Llanbed ac Aberhonddu!

3 Yr hyn sydd yn sicr, fodd bynnag, yw bod clwb tref Llanbed ymhlith yr 11 clwb ddaeth at ei gilydd yng ngwesty'r Castell, Castell Nedd ar 12 Mawrth 1881 i ffurfio Undeb Rygbi Cymru. Yr 11 clwb oedd yn bresennol yn y cyfarfod tyngedfennol hwnnw oedd Llanelli, Llandeilo, Llanymddyfri, Llanbed, Aberhonddu, Caerdydd, Casnewydd, Pont-y-pŵl, Merthyr, Abertawe a Bangor.
Yr hyn sy'n achos rhywfaint o syndod yw nad oes sôn am Gastell Nedd, er mai yn y dref honno roedd y cyfarfod yn cael ei gynnal.

4 Roedd gêm ryngwladol gyntaf Cymru wedi digwydd fis ynghynt ar gaeau Blackheath yn Llundain. Tan iddyn nhw gamu ar y cae, doedd rhai o chwaraewyr Cymru erioed wedi cwrdd â'i gilydd. Does ryfedd felly i Gymru golli'n drwm yn erbyn y Saeson. Byddai'r grasfa o 6 gôl, 1 gôl adlam a 7 cais yn cyfateb i 82–0 heddiw. A chofiwch, yn ystod y cyfnod hwnnw, ni roddid pwynt am sgorio cais. Dim ond ennill y cyfle i wneud cais am y trosiad yr oedd tirio y tu hwnt i linell gais y gwrthwynebwyr bryd hynny. Bu'n rhaid aros tan 1890 cyn i Gymru drechu'r hen elyn.

5 1972 oedd y tro cyntaf i dimau Cymru gael cystadleuaeth gwpan – Cwpan Undeb Rygbi Cymru. Mae wedi newid ei enw ar hyd y blynyddoedd, yn dibynnu pwy yw'r noddwyr.

Yn 1972, Castell Nedd oedd yn fuddugol pan guron nhw Lanelli 15–9. Ond er iddyn nhw golli yn y rownd derfynol gyntaf honno, aeth tîm y Sosban ymlaen i fod y tîm mwyaf llwyddiannus yn y gystadleuaeth, gan ennill y cwpan ar 14 achlysur a chyrraedd y ffeinal ar 6 achlysur arall. Roedd cefnogwyr Llanelli yn aml yn cyfeirio at rownd derfynol Cwpan Cymru fel eu 'trip blynyddol'.

CLIFF MORGAN

GARETH EDWARDS

 6 Yn 2006 sefydlwyd Oriel yr Anfarwolion gan y Bwrdd Rygbi Rhyngwladol, i anrhydeddu unigolion a thimau oedd wedi gwneud cyfraniad nodedig i'r gêm.

Un tîm o Gymru sydd yn yr oriel, sef Caerdydd. Ond mae wyth o unigolion yno. Does dim syndod mai Gareth Edwards oedd y cyntaf i dderbyn yr anrhydedd. Fe gafodd y mewnwr o Wauncaegurwen ei ddilyn gan Cliff Morgan, Frank Hancock, Jack Matthews, Bleddyn Williams, Keith Rowlands, JPR Williams a Ieuan Evans.

7 Dair blynedd wedi curo'r Saeson am y tro cyntaf, fe enillwyd y Goron Driphlyg am y tro cyntaf erioed yn 1893 – blwyddyn a lawnsiodd Gymru tuag at yr oes aur gyntaf. Yn 1905, Cymru oedd yr unig dîm i guro Crysau Duon Seland Newydd (3–0) ar eu taith o wledydd Prydain, diolch i gais Teddy Morgan.

8 Cymru oedd y wlad gyntaf i gyflawni'r Gamp Lawn, a hynny ar 14 Mawrth 1908 pan guron nhw Iwerddon yn Belfast. Bert Winfield, cefnwr Caerdydd, oedd y capten y diwrnod hwnnw. Bu'n rhaid i Gymru chwarae mewn crysau heb arwyddlun y tair pluen y diwrnod hwnnw oherwydd bod rhywun wedi pacio'r crysau anghywir.

9 Yn ystod yr oes aur gyntaf hon fe lwyddodd Cymru i chwarae 11 o gêmau heb golli un, rhwng Mawrth 1907 a Ionawr 1910. Aeth cryn amser heibio cyn i Gymru lwyddo i efelychu'r gamp honno. Yn 1999 fe lwyddodd tîm Rob Howley i fynd 11 gêm yn ddiguro, ond dim ond dros wyth mis roedd hynny, yn hytrach na thair blynedd! Hefyd yn ystod 1900–11 llwyddwyd i ennill 3 Camp Lawn a 6 Choron Driphlyg.

10 Meddyg oedd Dr Jack Matthews (canolwr Caerdydd a Chymru) wrth ei alwedigaeth. Ond yn ystod yr Ail Ryfel Byd ymunodd â'r Llu Awyr. Yn 1943 fe gynrychiolodd y Llu Awyr mewn gornest focsio yn erbyn Llu Awyr yr Unol Daleithiau yn Sain Tathan. Ei wrthwynebydd oedd yr enwog Rocky Marciano, un o'r bocswyr gorau erioed. Ar ôl i Marciano ymddeol roedd yn brolio ei fod wedi ennill pob gornest a ymladdodd! Wel, mae'n rhaid bod cof yr hen Rocky wedi methu, neu ei fod yn fwriadol wedi anghofio am yr ornest yn erbyn Jack Matthews ym Mro Morgannwg yn 1943, oherwydd Dr Jack Matthews oedd yr unig wrthwynebydd erioed i Marciano fethu ei guro. Gornest gyfartal oedd hi!

11 Yn ôl y Bwrdd Rygbi Rhyngwladol, mae 239 o glybiau yng Nghymru, ychydig dros 69,000 o chwaraewyr gwrywaidd (o bob oed), 2,056 o chwaraewyr benywaidd a 2,321 o ddyfarnwyr.

ROCKY MARCIANO

Ar hyd y blynyddoedd mae Cymru wedi cael 130 o gapteiniaid gwahanol. Mae o leiaf 12 o'r rheini wedi eu geni y tu fas i Gymru:

James Bevan – Awstralia
Joe Simpson – Sedgefield, Lloegr
Frank Hancock – Wiveliscombe, Lloegr
Tom Clapp – Llundain
Gwyn Nicholls – Westbury-on-Severn, Lloegr
Tom Pearson – Mumbai, India
Bert Winfield – Nottingham, Lloegr
Paul Thorburn – Rheindahlen, Yr Almaen
Harry Uzzell – Shirehampton, Lloegr
Andy Moore – Grantham, Lloegr
Colin Charvis – Sutton Coldfield, Lloegr

Mae tri o gyn-gapteiniaid Cymru wedi bod yn weinidogion – Y Parch. James Bevan, Y Parch. Charlie Newman a'r Parch. Alban Davies.

PAUL THORBURN

12 Er mai Stadiwm y Mileniwm yw cartref ein tîm cenedlaethol ar hyn o bryd, maen nhw wedi chwarae gêmau cartref ar feysydd eraill hefyd:
Sain Helen, Abertawe; **Rodney Parade**, Casnewydd; **Parc yr Arfau**, Caerdydd; **Parc y Strade**, Llanelli; **Y Cae Ras**, Wrecsam a **Wembley**, Llundain.

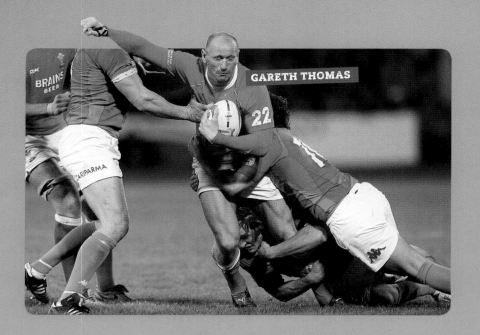

GARETH THOMAS

13 Mae Cymru wedi chwarae 673 o gêmau ac wedi ennill 347. Dim ond 28 gêm sydd wedi gorffen yn gyfartal. Y gyntaf oedd y gêm yn erbyn yr Alban yn 1885, pan orffennodd y gêm yn ddi-sgôr. Ers y gêm ryngwladol gyntaf yn 1881 mae Cymru wedi sgorio 1,454 o geisiau.

14 Mae pedwar o Gymry wedi ennill 100 neu fwy o gapiau:
Gethin Jenkins – 114
Stephen Jones – 104
Gareth Thomas a Martyn Williams – 100.
Ar y llaw arall, mae 225 o Gymry ddim ond wedi ennill un cap.

15 Mae Clive Rowlands yn dal record unigryw yn hanes rygbi Cymru. Mae 'Brenin Cwm-twrch' wedi gwasanaethu ei wlad fel chwaraewr, capten, dewiswr, hyfforddwr, rheolwr ac fel Llywydd yr Undeb.

CLIVE ROWLANDS

LLYSENWAU

Mae'r byd rygbi, yn fwy efallai nag unrhyw fath arall o chwaraeon, yn enwog am roi llysenwau i'r chwaraewyr. Tarddiad y rhan fwyaf ohonyn nhw yw golwg y chwaraewr neu un o'i nodweddion corfforol ond mae'r goreuon yn dangos tipyn mwy o ddychymyg. Dyma rai ohonyn nhw.

1 Go brin bod amheuaeth pa lysenw yw'r gorau, sef hwnnw a roddwyd i gapten Awstralia, **John Eales**, a enillodd 86 o gapiau i'w wlad a sgorio 173 o bwyntiau. Does yr un blaenwr yn holl hanes y gêm wedi sgorio mwy o bwyntiau rhyngwladol. Sdim rhyfedd felly bod ei gyd-chwaraewyr a'r cefnogwyr yn hanner ei addoli. A dyna pam y cafodd y llysenw **NOBODY**. Pam? Yn syml iawn, "Nobody's perfect"!

2 Ffilm a ysbrydolodd lysenw **Martin Offiah**, asgellwr a gwibiwr a chwaraeodd rygbi'r undeb a rygbi'r gynghrair – **Chariots Offiah**.

3 Rhif hefyd yw llysenw cyn-asgellwr Cymru a'r Gleision, **Chris Czekaj**, sef **28**, am mai dyna fyddai gwerth ei enw mewn gêm o Scrabble!

4 Rhif yw llysenw **Billy Twelvetrees**, canolwr Lloegr, sef **36**. Dim ond Gwyddel allai fod wedi rhoi'r llysenw hwnnw iddo! Pan ofynnwyd i **Geordan Murphy**, ei gapten yng Nghaerlŷr, am esboniad, fe ddywedodd hwnnw, "In Ireland twelve t(h)rees is 36"!

BRIAN LIMA

5 **Chiropractor** oedd llysenw canolwr Samoa, Brian Lima, oherwydd bod ei daclo mor ffyrnig, roedd yn aildrefnu esgyrn ei wrthwynebwyr.

6 Mae Adam Ashley-Cooper, canolwr Awstralia, yn ddisgynnydd uniongyrchol i deulu Iarll Shaftesbury, sy'n esbonio ei enw dwbwl baril! A'i gyfenw a ysbrydolodd ei lysenw, **Adam Two Dads**!

7 **Suitcase** yw'r llysenw a gafodd Reuben Thorne, clo Seland Newydd, gan ei gyd-chwaraewyr, a hynny oherwydd bod rhaid i'r tîm ei 'gario' trwy bob gêm.

8 Cafodd cyn-faswr Lloegr, Rob Andrew, ei fedyddio yn **Squeaky** oherwydd ei fod yn osgoi taclo a phob sefyllfa beryglus. Roedd yn dod oddi ar y cae â'i grys mor lân ag oedd e pan gerddodd ar y cae ar ddechrau'r gêm.

9 Mae Llanelli'n enwog iawn am y llysenwau mae'r cefnogwyr yn eu rhoi ar y chwaraewyr. Wedi damwain, collodd Barry Davies hanner un o'i glustiau, ac fe roddwyd y llysenw **Barry Eighteen Months** ((y)ear and a half) iddo!

10 Daeth chwaraewr o'r enw Hadleigh Parkes i Barc y Scarlets o Seland Newydd. Canolwr yw ei safle. Felly, digon naturiol oedd bedyddio'r newydd-ddyfodiad yn **Centre Parkes**.

11 Nid oherwydd ei gyfrwystra ar y cae y galwyd y canolwr Jonathan Davies yn **Foxy**, ond oherwydd bod ei rieni yn cadw tafarn y Fox and Hounds ym Mancyfelin. Pan ymunodd ei frawd bach, James, â'r Scarlets, be'n well na'i alw'n **Cub**?

12 Does neb yn siŵr iawn pwy fedyddiodd cyn-faswr yr Alban, Craig Chalmers, yn **Judith,** ond mae'n debyg taw ar ôl y cyn-gyflwynydd teledu y gwnaed hynny.

13 Mae cyn-ganolwr Cymru a'r Gleision, Tom Shanklin, yn enwog am ei ffraethineb, ac amlygwyd ei ddoniau geiriol pan oedd Justin Burnell a Gareth Baber yn hyfforddi tîm y brifddinas. Er mawr siom i'r ddau fe fedyddiodd Shanklin y pâr yn **Justin Bieber**.

14 Bedyddiwyd Duncan Bell, cyn-brop Pontypridd a Lloegr, yn syml iawn yn **DING DONG**!

15 Yn un o gynghreiriau'r gorllewin, **Pen** oedd y llysenw gafodd un chwaraewr oedd yn chwarae yn safle'r maswr. Ei enw go iawn oedd Mark Kerr. I wneud pethau'n ddoniolach fyth, yn yr adroddiadau yn y papur lleol yr hyn fyddai'n ymddangos oedd Mark Kerr (pen), pan fyddai wedi sgorio cic gosb.

TOM SHANKLIN

RHIFAU DI-RI CRB 2015

8 Cynhelir 8fed Cwpan Rygbi'r Byd yn 2015.

20 Nifer y gwledydd fydd yn cystadlu eleni, sef:

Japan, De Affrica, Namibia, Yr Ariannin, Canada, Yr Unol Daleithiau, Uruguay, Lloegr, Cymru, Yr Alban, Iwerddon, Ffrainc, Yr Eidal, Georgia, Rwmania, Awstralia, Ffiji, Tonga, Samoa, Seland Newydd.

620 Nifer y chwaraewyr yn yr **20** carfan.

48 Nifer y gêmau yn y gystadleuaeth – o'r gêmau grŵp i'r rownd derfynol.

8 Nifer y gêmau fydd yn cael eu cynnal yng **Nghaerdydd**. Y gêm gyntaf yno fydd **Cymru** v **Uruguay** ar **20 Medi**.

Bydd y gystadleuaeth yn para **44** o ddiwrnodau – o **18 Medi** tan **31 Hydref**. **44**

Bydd 13 maes yn cael eu defnyddio: **13**

Twickenham, Wembley a'r Stadiwm Olympaidd (Llundain)
Stadiwm Gymunedol Brighton (Brighton)
Stadiwm mk (Milton Keynes)
Parc Sandy (Caerwysg)
Kingsholm (Caerloyw)
Elland Road (Leeds)
Parc St James (Newcastle)
Stadiwm Etihad (Manceinion)
Stadiwm Dinas Caerlŷr (Caerlŷr)
Parc Villa (Birmingham)
Stadiwm y Mileniwm (Caerdydd)

3840

Bydd 3840 munud o rygbi'n cael ei chwarae (heb gynnwys amser ychwanegol posib).

207

Nifer y gwledydd sydd â hawliau teledu, gyda'r potensial o gyrraedd 2.1 biliwn o wylwyr.

12

Bydd 12 prif ddyfarnwr. Nigel Owens yw'r un sydd wedi dyfarnu'r nifer mwyaf o gêmau prawf (60). Glen Jackson o Seland Newydd yw'r un lleiaf profiadol (10 gêm brawf). Bydd 7 dyfarnwr cynorthwyol a 4 dyfarnwr teledu hefyd.

420,000+

Dyna'r amcangyfrif swyddogol o nifer y cefnogwyr o dramor, o dros 100 o wledydd, fydd yn teithio i'r gêmau.

10,000

Nifer y gwirfoddolwyr sydd eu hangen er mwyn i'r gystadleuaeth redeg yn esmwyth.

715

Pris y tocyn drutaf ar gyfer y rownd derfynol yn Twickenham ar 31 Hydref, er bod un tocyn wedi cael ei gynnig ar wefan yn Seland Newydd am dros £60,000!

2.3 MILIWN

Nifer y tocynnau fydd yn cael eu gwerthu.

7,000,000

Disgwylir i'r cefnogwyr fydd yn dod i'r 8 gêm yn Stadiwm y Mileniwm wario £7,000,000 ar fwyd a diod yn y stadiwm – dros £11 yr un os yw'r lle'n llawn (74,500) ar gyfer pob un o'r gêmau.

SGORIO!

1 Erbyn heddiw mae cais yn werth 5 pwynt, ond nid felly y buodd hi erioed. Mae'r ffeithiau yn y llyfrau hanes yn amrywio gryn dipyn ynglŷn â faint oedd gwerth cais ar hyd y blynyddoedd.

Un peth sy'n sicr, yn nyddiau cynnar y gêm yn y 19eg ganrif, ni roddid yr un pwynt am gais. Roedd croesi llinell gais y gwrthwynebwyr yn golygu bod gan y tîm yr hawl i gicio am y pyst, neu wneud **cais** am y trosiad. Yn Saesneg y canllawiau cynnar, roedd tirio'r bêl yn golygu bod gan y tîm yr hawl i 'try for goal'.

Datblygiad gwerth 'y cais':

1886   Cais = 1 pwynt
1891   Cais = 2 bwynt
1893   Cais = 3 phwynt
1971   Cais = 4 pwynt
1992   Cais = 5 pwynt

2 Y Ffrancwr Jean-Claude Skrela oedd y chwaraewr cyntaf i sgorio cais 4 pwynt (v Awstralia 1971). JPR Williams oedd y Cymro cyntaf i sgorio cais 4 pwynt (v Lloegr yn Ionawr 1972).

3 Asgellwr y Crysau Duon, Va'aiga Tuigamala, oedd y cyntaf i sgorio cais gwerth 5 pwynt (v Awstralia 1992). Ieuan Evans oedd y Cymro cyntaf i sgorio cais 5 pwynt (v Lloegr, Chwefror 1993).

4 Yn ôl y gwybodusion, John Leslie, cyn-ganolwr yr Alban, sydd â'r anrhydedd o sgorio'r cais rhyngwladol cyflymaf erioed. Fe gyflawnodd hyn yn 1999 yn Murrayfield yn erbyn Cymru, a hynny 9.63 eiliad wedi'r chwiban cyntaf. Ond tybed a yw hyn yn hollol gywir? Mewn gêm ryngwladol dan 20 oed rhwng Cymru a Ffiji ym Mehefin 2014, fe ddaliodd asgellwr Cymru, Dafydd Howells, y bêl yn syth o'r gic gyntaf a chroesi'r llinell gais mewn ychydig dros 6 eiliad.

5 Yn 1994 fe sgoriodd cefnwr Hong Kong, Ashley Billington, 10 cais yn erbyn Singapore.

6 Y person hynaf i sgorio cais mewn gêm ryngwladol oedd Diego Ormaechea, wythwr Uruguay, pan gurodd Uruguay Sbaen 27–15 yn 1999. Roedd e'n 40 mlwydd oed a 13 diwrnod.

Allan Bateman yw'r chwaraewr hynaf i sgorio cais dros Gymru, pan guron nhw Rwmania 81–9 yn 2001. Roedd y canolwr o ardal Maesteg yn 36 mlwydd oed a 197 diwrnod.

7 Yr unigolyn sydd wedi sgorio'r nifer mwyaf o geisiau rhyngwladol yw Daisuke Ohata, asgellwr Japan, gyda 69 cais, yr olaf o'r rheini yn 2006. Deiliad y record cyn Ohata oedd asgellwr Awstralia, David Campese, gyda 64 cais. Shane Williams sy'n drydydd gyda 60 cais.

DAVID CAMPESE

SHANE WILLIAMS

8 Y blaenwr sydd wedi sgorio'r nifer mwyaf o geisiau rhyngwladol yw'r hynafgwr Diego Ormaechea (33), wythwr Uruguay. Colin Charvis yw'r blaenwr sydd wedi sgorio'r nifer mwyaf o geisiau i Gymru (22).

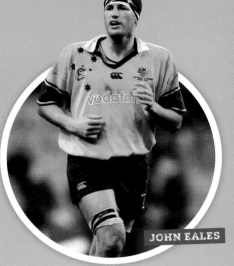

9 Y blaenwr sydd wedi sgorio'r nifer uchaf o bwyntiau rhyngwladol yw Mr Perffaith ei hunan, cyn-gapten a chlo Awstralia, John Eales. Fe sgoriodd gyfanswm o 173 o bwyntiau (2 gais, 34 cic gosb a 31 trosiad).

JOHN EALES

10 Paul Thorburn, cyn-gefnwr Cymru, sy'n dal y record am y gic gosb hiraf erioed. Fe lwyddodd gyda'i ymgais o bellter o 70 llath ac 8 modfedd a hanner, yn erbyn yr Alban yng Nghaerdydd yn 1986.

Ond doedd hynny'n ddim o'i gymharu â chrwt ifanc 17 oed oedd yn chwarae i Bridlington yn Lloegr yn 1944. Mewn gêm yn erbyn XV y Lluoedd Unedig, fe lwyddodd gyda chic gosb o ychydig y tu fas i'w 22 ei hunan. Aethpwyd i nôl tâp mesur yn syth wedi'r gêm, a mesurwyd pellter o 81 llath o'r man y ciciodd Ernie Cooper y bêl at y trawst.

JONATHAN DAVIES

11 Jonny Wilkinson, cyn-faswr Lloegr, sydd wedi sgorio'r nifer mwyaf o giciau adlam mewn gêmau rhyngwladol – 36 yn ystod ei yrfa, gan gynnwys yr un a enillodd Gwpan Rygbi'r Byd i'r Saeson yn 2003. Jonathan Davies sydd wedi sgorio'r nifer mwyaf i Gymru, gyda 13.

12 Y gic adlam lwyddiannus hiraf erioed oedd honno gan Gerry Brand i Dde Affrica yn erbyn Lloegr yn 1933 yn Twickenham. Gŵr arall o Dde Affrica sy'n dal y record am y nifer mwyaf o giciau adlam mewn un gêm brawf, sef Jannie de Beer. Yng Nghwpan Rygbi'r Byd yn 1999 ym Mharis, fe ciciodd de Beer 5 gôl adlam yn erbyn y Saeson.

MARK TAYLOR

13 Mark Taylor, cyn-ganolwr Cymru, oedd y person cyntaf i sgorio cais yn Stadiwm y Mileniwm, yn y gêm rhwng Cymru a De Affrica.

14 Hong Kong yw'r tîm sydd wedi sgorio'r nifer mwyaf o bwyntiau mewn gêm ryngwladol. Yn 1994 fe guron nhw Singapore o 164 i 13.

Ond y gwahaniaeth pwyntiau mwyaf yw 152. Mae dau dîm yn hawlio'r record hon – Yr Ariannin yn 2002 pan guron nhw Paraguay o 152 i 0, a Japan yn yr un flwyddyn pan guron nhw Taipei 155–3.

15 Go brin y bydd record y byd am y golled fwyaf yn cael ei thorri'n fuan iawn! Yn gynharach eleni, mewn gêm ym mhrif gynghrair Gwlad Belg, fe gurodd Kituro dîm Soignies o 356 i 3! Roedd bron pob un o chwaraewyr Soignies wedi mynd adre pan fethodd y dyfarnwr gyrraedd mewn pryd i ddechrau'r gêm. Yn anffodus iddyn nhw, fe wnaeth y dyfarnwr gyrraedd dros awr yn hwyr. Bu'n rhaid i Soignies chwarae er mwyn peidio cael eu cosbi am fethu chwarae'r gêm. Fe sgoriodd Kituro 56 cais!

Tîm o Ffrainc oedd yn dal y record cyn hynny. Yn 1984 yn nhrydedd adran Ffrainc, fe gurodd Lavardac dîm Vergt o 350 i 0!

Yng Nghymru, Caergybi sydd wedi dioddef y golled fwyaf erioed. Yn 2013, wrth chwarae yn erbyn Llanidloes, fe gollodd y tîm o Fôn 181–0.

LWC AC ANLWC

1 Roedd rhywfaint o anlwc, neu ddiogi hyd yn oed, yn perthyn i bwy bynnag oedd i fod i brawfddarllen rhaglen y gêm rhwng Iwerddon a Ffrainc yn 1980. Enw blaenasgellwr Iwerddon oedd Colm Tucker. Ond pa lythyren sydd o dan T ar allweddell? Yn anffodus, y llythyren F! A dyna sut ymddangosodd enw Colm Tucker yn y rhaglen swyddogol!

2 Yn 1969 fe gariwyd chwaraewr Ffrainc, Jean-Pierre Salut, i'r ysbyty cyn iddo gyrraedd y cae yn erbyn yr Alban. Wrth redeg lan y grisiau o'r ystafell newid i'r cae, fe lithrodd Salut a thorri ei bigwrn.

3 Rhywbeth tebyg ddigwyddodd i Gareth Williams mewn gêm rhwng Pen-y-bont a Chaerdydd ar Barc yr Arfau yn yr 1980au. Wrth arwain ei dîm i'r maes, fe darodd yn erbyn llun wedi ei fframio oedd i'w gyflwyno cyn dechrau'r gêm a chafodd archoll gas ar ei goes.

4 Bu Steve McDowall, prop y Crysau Duon, yn anlwcus iawn yn 1980. Cafodd ei ddewis i gynrychioli ei wlad yng nghystadleuaeth jiwdo Gêmau Olympaidd Moscow. Ond ymunodd Seland Newydd â nifer o wledydd eraill oedd yn boicotio'r gêmau, a chafodd McDowall fyth gyfle arall.

5 Gall y dyfarnwr Ffrengig Robert Calmet ystyried ei hun yn anlwcus yn y gêm rhwng Lloegr a Chymru yn 1970. Yn anffodus, roedd yn sefyll yn llwybr Gareth Edwards wrth i hwnnw frasgamu at y llinell ac aeth Calmet i lawr fel sach o datws. Erbyn hanner amser, doedd e ddim yn ffit i gario ymlaen a bu'n rhaid cael dyfarnwr arall. Fodd bynnag, cyn diwedd y gêm bu'n rhaid i Gareth ei hunan adael y cae ar ôl cael ei anafu. Fel mae'n digwydd, fe sgoriodd Chico Hopkins, yr eilydd o fewnwr, y cais buddugol i Gymru.

6 Fe gollodd Martin Castrogiovanni rai o gêmau'r Eidal ym Mhencampwriaeth y Chwe Gwlad 2015, a hynny ar ôl i gi ei ffrind gnoi darn o'i drwyn i ffwrdd.

MARTIN CASTROGIOVANNI

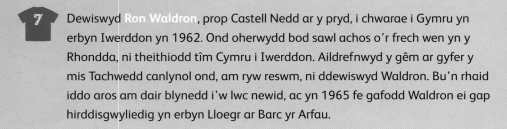

7 Dewiswyd Ron Waldron, prop Castell Nedd ar y pryd, i chwarae i Gymru yn erbyn Iwerddon yn 1962. Ond oherwydd bod sawl achos o'r frech wen yn y Rhondda, ni theithiodd tîm Cymru i Iwerddon. Aildrefnwyd y gêm ar gyfer y mis Tachwedd canlynol ond, am ryw reswm, ni ddewiswyd Waldron. Bu'n rhaid iddo aros am dair blynedd i'w lwc newid, ac yn 1965 fe gafodd Waldron ei gap hirddisgwyliedig yn erbyn Lloegr ar Barc yr Arfau.

8 Tipyn mwy difrifol oedd yr anlwc ddaeth i ran Jean-François Phliponeau, un o chwaraewyr mwyaf talentog Ffrainc yn y 1970au. Wrth chwarae mewn gêm gyfeillgar i'w glwb Montferrand ym mis Mai 1976, fe'i trawyd gan fellten nerthol. Bu farw yn y fan a'r lle, ac yntau'n ddim ond 25 oed.

9

Mae'n rhaid mai'r gic gosb fwyaf lwcus yn hanes y gêm yw honno sgoriodd cefnwr Caerlŷr yn erbyn Llanelli yn rownd gynderfynol Cwpan Ewrop yn 2002. Gyda'r gêm ar fin dod i ben, a Llanelli ar y blaen 10–12, dyfarnwyd cic gosb i Deigrod Caerlŷr rhyw 60 metr o'r pyst. Fe drawodd y bêl y postyn, yna'r trawst, a'r postyn eto, cyn mynd drosodd ac ennill buddugoliaeth annheilwng i'r Saeson.

STEPHEN JONES

10 Roedd cyn-lywydd Undeb Rygbi Japan, Shiggy Konno, yn aml yn canmol ei lwc, gan ddweud y gallai fod wedi bod yn beilot *kamikaze*, oni bai i'w awyren redeg mas o betrol.

11 Methodd Mike Griffiths, prop Cymru, chwarae ym Mhencampwriaeth y Pum Gwlad yn 1993 oherwydd anaf. Nid anaf a gafodd ar y cae rygbi, ond anaf ar ôl iddo gwympo oddi ar ei feic. Roedd yn ymarfer mas yn Lanzarote gyda gweddill tîm Cymru, ac wrth fynd ar ei feic fe gafodd ei daflu'n bendramwnwgl dros yr olwyn ffrynt a thorri pont ei ysgwydd. Oherwydd ei antur ar y beic fe fethodd fynd ar daith y Llewod i Seland Newydd chwaith.

12 Roedd Dr John Griffin yn lwcus iawn i gael ei unig gap dros Gymru 'nôl yn 1886, yn erbyn yr Alban. Griffin oedd capten trydydd tîm Prifysgol Caeredin, fe'i ganwyd yn Southampton a doedd ganddo'r un cysylltiad â Chymru. Ond pan gyrhaeddodd tîm Cymru Gaeredin roedden nhw un chwaraewr yn brin, ac am ryw reswm nad oes neb wedi llwyddo i'w esbonio, dewiswyd John Griffin!

13 Bu dau o gefnogwyr yr Alban yn anffodus iawn ym mis Chwefror 1976. Roedd Cymru yn croesawu'r Alban ar y dydd Sadwrn. Ond y diwrnod cynt, fe ddringodd y ddau lan yr ysgol uchel yng nghefn yr eisteddle, ac allan ar y to. Ar ôl mwynhau'r olygfa fe benderfynon nhw ddod i lawr. Ond roedd rhywun yn y cyfamser wedi cau'r drws bach yn y to heb wybod bod dau Albanwr truenus yn dal ar ben to'r eisteddle. Wedi treulio noson oer iawn fe welwyd eu pennau'n pipo dros ochr to'r eisteddle y diwrnod canlynol.

14 Roedd Ossie Male yn anlwcus iawn ym mis Mawrth 1924. Roedd wedi ei ddewis i chwarae i Gymru yn erbyn Ffrainc ym Mharis. Ond cyn cyrraedd Llundain ar y trên cafodd Male ei wahardd o'r tîm am dorri rheolau'r undeb rygbi. Bu'n rhaid iddo adael y trên yn Paddington a dychwelyd adref.

15 Ond heb amheuaeth, Ffrancwr oedd i fod i ennill ei gap cyntaf yw'r chwaraewr rygbi mwyaf anlwcus erioed. Yn 1911, dewiswyd Gaston Vareilles (Charles Vareilles oedd ei enw iawn, yn ôl rhai) i chwarae dros Ffrainc yn erbyn yr Alban ym Mharis. Wrth iddo deithio i'r gogledd ar y trên, cododd awydd arno am rywbeth i'w fwyta. Yng ngorsaf Lyon fe neidiodd Vareilles oddi ar y trên a mynd i'r caffi i nôl *baguette*. Oherwydd bod y ciw mor hir, erbyn i Vareilles gyrraedd 'nôl i'r platfform roedd y trên yn diflannu i'r pellter. Methodd gyrraedd Paris mewn pryd a chafodd e fyth ei ddewis i chwarae i Ffrainc eto!

DIHIROD

1 Roedd clwb yr Harlequins yn croesawu Leinster yn rownd gogynderfynol Cwpan Heineken yn 2009. Yn yr ail hanner fe ddaeth asgellwr y Quins, Tom Williams, oddi ar y cae, a'r gwaed yn llifo o'i geg. Yr arbenigwr cicio Nick Evans ddaeth i'r cae yn ei le. Roedd Evans wedi cael ei eilyddio ynghynt yn y gêm. Ond wedi ymchwiliad

BLOODGATE

manwl fe ddarganfuwyd mai twyll oedd y cyfan a bod capsiwl gwaed wedi ei ddefnyddio i roi'r argraff bod Williams wedi ei anafu, er mwyn dod ag arbenigedd cicio Evans 'nôl ar y cae.

Gwaharddwyd Williams, yn ogystal â Dean Richards, hyfforddwr y Quins, a Wendy Chapman, meddyg y clwb, yn dilyn y sgandal mwyaf erioed yn hanes y gêm.

2 Yn 1957 roedd tîm Llanelli, dan arweiniad y clo rhyngwladol Rhys Williams, yn lled gyfrifol am y ffaith bod yr Undeb Sofietaidd wedi gwahardd rygbi am bron i 30 mlynedd. Mewn gêm yn erbyn Grivita Rosie o Bucharest, Rwmania, a gynhaliwyd mewn twrnament yn Moscow, bu'r ddau dîm yn ymladd a dyrnu'n ffyrnig am 80 munud. Cred yr awdurdodau ar y pryd oedd nad oedd y fath gêm farbaraidd yn gydnaws â delfrydau'r Undeb Sofietaidd.

3 Wrth i dîm Cymru ddychwelyd o Belfast ar ôl sicrhau'r Goron Driphlyg yn 1950, fe aeth y dathlu ar y fferi ychydig dros ben llestri! Roedd parti hwyliog iawn yng nghaban un o'r chwaraewyr. Pan aeth hwnnw i'r tŷ bach, gwelodd ei gyd-chwaraewyr eu cyfle i daflu pob dim yn y caban i'r môr, gan gynnwys y matres hyd yn oed. Pan gyrhaeddodd y fferi, gwrthodwyd caniatâd i dîm Cymru adael y cwch. Bu'n rhaid i **Eric Evans**, ysgrifennydd yr Undeb, dalu £80 er mwyn i'r cwmni fferi adael i dîm Cymru barhau â'u taith adre!

4 Rhai aelodau o dîm rygbi Lloegr oedd y dihirod yn ystod Cwpan y Byd 2011. Dyma restr o'u camweddau honedig:

i. Aeth grŵp o chwaraewyr, a **Mike Tindall** yn eu plith, i'r Altitude Bar yn Queenstown a mynd dros ben llestri. Roedd lluniau amheus yn y wasg o'r chwaraewyr gyda rhai merched, yn 'codi gwarth ar y tîm a'r genedl' yn ôl un papur newydd. Gan bod Tindall newydd briodi ei hwyres, 'Her Majesty was not amused.' A bu'n rhaid i Tindall ymddiheuro wedi iddo gyfaddef iddo ddweud celwydd a gwadu iddo fynd ymlaen i far arall. Ond roedd lluniau CCTV o Tindall gyda merch felynwallt yn yr ail far.

ii. Gwaharddwyd dau o hyfforddwyr Lloegr gan **Martin Johnson** am newid y bêl yn anghyfreithlon ar gyfer dau drosiad **Jonny Wilkinson** yn ystod y gêm yn erbyn Rwmania.

iii. Bu'n rhaid i **Martin Johnson** hefyd geryddu **James Haskell**, **Chris Ashton** a **Dylan Hartley** wedi iddyn nhw wneud sylwadau anaddas wrth siarad gydag **Annabel Newton**, oedd yn gweithio yn y gwesty yn Dunedin.

iv. Cafodd **Manu Tuilagi** ddirwy o £5,000 am wisgo *mouthguard* gydag enw noddwr arno.

v. Bu'n rhaid i Tuilagi dalu £3,000 arall ar ôl iddo neidio oddi ar y fferi yn harbwr Auckland a nofio i'r lan.

5 Cafodd Rwsia eu diarddel o rowndiau rhagbrofol Cwpan Rygbi'r Byd 2003 a chael dirwy o £75,000 am ddewis tri chwaraewr o Dde Affrica, oedd yn chwarae yn Serbia ar y pryd, yn y tîm i chwarae yn erbyn Sbaen.

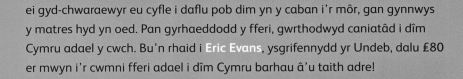

MANU TUILAGI

6 Euog neu ddieuog? Euog, yn ôl hyfforddwr y Crysau Duon yng Nghwpan y Byd 1995 yn Ne Affrica. Roedd ei dîm i chwarae yn erbyn De Affrica yn y rownd derfynol. Ond y noson cyn y gêm, yn y gwesty, fe ddioddefodd pob un o garfan y Crysau Duon wenwyn bwyd. Cynllwyn oedd hyn, yn ôl Laurie Mains, rheolwr tîm Seland Newydd, i roi mantais annheg i'r tîm cartref. Nonsens llwyr, meddai gwŷr De Affrica. Ni ddaethpwyd o hyd i unrhyw dystiolaeth i gefnogi theori Mains. Teg nodi, fodd bynnag, mai De Affrica enillodd!

7 Bu'n rhaid dod â rownd derfynol Cwpan Her Gorllewin Cymru 1877 i ben yn gynnar, oherwydd bod y dorf wedi dwyn yr unig bêl oedd ar gael!

8 Bydd enwau Geoff Wheel a Willie Duggan bob amser yn cael eu hyngan gyda'i gilydd. Er eu bod yn gyfeillion oddi ar y cae, fe fuon nhw'n dyrnu ei gilydd yn ystod gêm rhwng Cymru ac Iwerddon yng Nghaerdydd yn 1977. Doedd dim dewis gan y dyfarnwr, Norman Sansom, ond anfon y ddau oddi ar y cae. Dyna'r tro cyntaf i ddau chwaraewr gael eu hanfon o'r maes yn yr un gêm ryngwladol.

9 Arestiwyd Andy Powell, blaenwr Cymru, am yrru bygi golff ar hyd y draffordd ychydig oriau wedi i Gymru guro'r Alban yn 2010. Fe'i harestiwyd ger cyffordd 33 yr M4. Fe'i gwaharddwyd o'r garfan am weddill cystadleuaeth y Chwe Gwlad, a'i wahardd rhag gyrru am 15 mis.

10 Yn Twickenham yn 1958 fe wnaeth criw o gefnogwyr Cymru ddwyn un o'r trawstiau. Y sgôr rhwng yr hen elynion oedd 3–3, gyda dim ond ychydig funudau i fynd. Dyfarnwyd cic gosb i Gymru, a chamodd cefnwr Cymru, Terry Davies, ymlaen i gymryd y gic. Oherwydd nerth y gwynt, methodd y gic, gan daro'r trawst, ac fe ddaeth y gêm i ben yn gyfartal. Fe gymerodd rhai o gefnogwyr Cymru yn erbyn y trawst oedd yn fwriadol wedi rhwystro Cymru rhag cael y fuddugoliaeth! Ar ôl i bawb arall adael y maes, fe aethon nhw'n ôl i mewn i Twickenham gyda llif. Fe lifiwyd y trawst yn dri darn, ei roi yn y car a gyrru am adre. Fe stopion nhw am ddishgled o de ar eu ffordd yn ôl, a phwy oedd yn yr un caffi? Neb llai na chefnwr Cymru, Terry Davies! Yn ôl pob sôn, fe arwyddodd Terry y tri darn o'r trawst.

Bu cryn gythrwfl yn y wasg am y digwyddiad, a swyddogion Lloegr yn galw'r Cymry yn anwaraidd ac yn fandaliaid. Er mwyn tawelu pethau, fe wnaeth Terry Davies gyflwyno trawst newydd i swyddogion HQ. Wedi'r cyfan, roedd Terry'n berchen ar felin goed yn Llanelli. Yn ôl y chwedl, mae un darn o'r trawst i'w weld mewn tafarn yn Sir Benfro.

11

Dihiryn diniwed a doniol yw'r ffordd orau i ddisgrifio cyn-asgellwr Cymru, Mark Jones. Roedd Dwayne Peel, aelod arall o'r garfan, yn dipyn o dynnwr coes – roedd wedi torri tyllau yn nhrôns a sanau Mark Jones ar un achlysur. Cafodd Mark gyfle i ddial ar y mewnwr yn ystod Cwpan y Byd 2007 yn Ffrainc. Mae'n bwysig deall mai mab fferm yw Mark Jones. Tra oedd yn aros yn y gwesty yn Nantes, fe gipiodd Jones ddafad a'i chloi yn ystafell

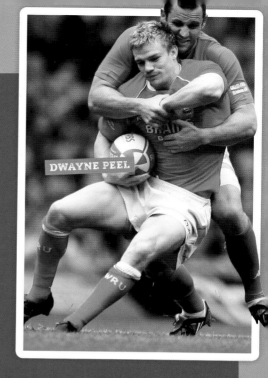

Peel. Pan ddychwelodd Peel i'w ystafell, roedd y drewdod yn ofnadwy. Oherwydd y triciau a chwaraeodd Peel, bu nifer yn ceisio dial arno, gan gynnwys hyfforddwr blaenwyr Cymru, Robin McBryde. Rywsut neu'i gilydd fe gafodd McBryde afael ar allweddi car Dwayne Peel, a'i barcio ar rowndabowt gydag arwydd mawr 'FOR SALE' arno.

12

Y gŵr gwadd ar gyfer y gêm rhwng Cymru a Lloegr yng Nghaerdydd yn 1963 oedd y prif weinidog, **Alec Douglas-Home**. Capten Cymru y diwrnod hwnnw oedd **Clive Rowlands**, a'i dasg cyn dechrau'r gêm oedd cyflwyno ei chwaraewyr i'r prif weinidog. Roedd nifer o weithwyr dur yn nhîm Cymru, chwaraewyr nad oedd ganddynt fawr o gydymdeimlad â pholisïau asgell dde'r prif weinidog. Wrth gyflwyno'i chwaraewyr fe sylweddolodd Clive bod y gweithwyr dur fel **Denzil Williams** a **Norman Gale** wedi rhoi saim ar eu dwylo cyn ysgwyd llaw â'r prif weinidog!

13

Y dihiryn anwylaf oedd y Gwyddel **Gerry McLoughlin**. Ar ôl ymddeol o rygbi rhyngwladol, fe chwaraeodd i Gilfach Goch. Mewn un gêm yn erbyn Talacharn bu ffrwgwd rhwng y blaenwyr. Rhybudd cyffredinol y dyfarnwr, **Roy Rees**, oedd 'Push off, and get on with the game.' Yn ystod sgrym ychydig funudau'n ddiweddarach fe sylwodd Rees nad oedd gan Gilfach Goch brop pen tyn. Roedd McLoughlin druan wedi camddeall rhybudd ac wedi credu bod y dyfarnwr wedi ei anfon o'r maes. Daethpwyd o hyd i'r prop yn yr ystafell newid yn gwisgo'i ddillad. Roedd hi'n rhy hwyr i'r gŵr diniwed ailymuno â'r gêm!

14 Yn 1909 yng Nghaerfyrddin, dau deulu oedd y dihirod. Doedd fawr o Gymraeg rhwng y teulu **Williams** o Sir Benfro a theulu'r **Randalls** o Lanelli. Fe benderfynwyd cynnal gêm rygbi saith bob ochr er mwyn setlo'u hen ddadleuon – saith o'r brodyr Williams yn erbyn saith o'r brodyr Randall. Cynigiwyd gwobr o £100, ond roedd enw da'r teuluoedd dipyn pwysicach! Daeth miloedd i gae niwtral yng Nghaerfyrddin i weld yr ymryson rhwng y ddau deulu. Roedd yr hyn welon nhw yn debycach i ornest reslo na gêm o rygbi, ac mae sôn bod y dyfarnwr wedi dod â'r gêm i ben yn gynnar er mwyn sicrhau diogelwch y chwaraewyr a'r dorf. Y dihirod o Benfro oedd yn fuddugol, gyda llaw.

15 Mae taith y Llewod i Dde Affrica yn 1974 yn cael ei chydnabod fel un o'r rhai ffyrnicaf erioed. Roedd brwydrau ac ymladd cas ym mhob un gêm bron. Ond mae un gêm yn cael ei chofio fel un o'r gêmau mwyaf treisgar yn hanes y gêm – brwydr fawr Stadiwm Boet Erasmus.

Yn ystod un ymladdfa ffyrnicach na'r gweddill, roedd pob un o'r blaenwyr wrthi'n dyrnu ei gilydd yn ddidostur. Fe estynnodd ail reng yr Alban, **Gordon Brown**, glamp o ddwrn a tharo ei wrthwynebydd, **Johan de Bruyn**, mor galed nes i'w lygad gwydr saethu mas ar y cae! Wedi i'r ymladd ddod i ben treuliwyd munudau lawer yn chwilio am lygad artiffisial de Bruyn, cyn dod o hyd iddo a'i roi'n ôl yn y twll priodol.

Yn anffodus, bu farw Gordon Brown yn ŵr ifanc 53 oed yn 2001. Ychydig wedi ei farwolaeth fe gyflwynodd de Bruyn y llygad i weddw Brown ar ffurf tlws wedi'i saernïo yn arbennig, fel arwydd o frawdgarwch y byd rygbi.

BACH O BOPETH

1 Diolch i rygbi y mae pêl-fasged yn bodoli! Yn 1891 roedd hyfforddwr rygbi, a nifer o chwaraeon eraill, o'r Unol Daleithiau o'r enw **Dr James Naismith** yn chwilio am weithgaredd i gadw'r chwaraewyr yn ffit dros y gaeaf ac fe gafodd y syniad am bêl-fasged. Ar y dechrau roedd yn defnyddio pêl pêl-droed a dwy fasged eirin gwlanog wag wedi eu hoelio 10 troedfedd lan y wal.

2 Anghofiwch am dlws Webb Ellis neu Gwpan y Pencampwyr! Y tlws mwyaf hynod yn y byd rygbi yw'r un y mae enillwyr y gêm rhwng Scarlets Llanelli a Chaerfaddon yn ei dderbyn. Mae dau dîm o ddynion mawr, cyhyrog yn chwarae, chwysu ac ymladd am ddoli glwt!

Byth ers 1921, bob tro y bydd y ddau dîm yn cwrdd bydd doli glwt 3 troedfedd yn cael ei hongian o'r trawst, wedi ei gwisgo yn lliwiau'r tîm a enillodd y gêm flaenorol.

Mae rhywfaint o ddryswch am darddiad y ddol, ond y gred gyffredinol yw mai **T. R. Mills**, perchennog y Salutation Inn, oedd yn ganolfan i glwb rygbi Llanelli ar y pryd, wnaeth gyflwyno'r ddol. Pam dol? Does neb yn gwybod!

3 Mae enw **Michael O'Brien** wedi ei naddu yn hanes stadiwm Twickenham. Yn Ebrill 1974, yn ystod gêm rhwng Lloegr a Ffrainc, fe redodd y gŵr o Awstralia i'r cae yn gwbl noeth. O'Brien oedd y *streaker* cyntaf erioed mewn achlysur chwaraeon o bwys.

Fe'i harestiwyd, a chafodd ddirwy o £10. Ond, yn waeth na hynny, fe'i diswyddwyd gan y cwmni ariannol yr oedd yn gweithio iddo ar y pryd. Ymateb PC Perry, y gŵr a wnaeth ei arestio, oedd: 'Roedd hi'n ddiwrnod oer… a doedd ganddo ddim byd i fod yn falch ohono!'

4 Wyth mlynedd yn ddiweddarach, yn 1982, ymddangosodd y *streaker* enwocaf ar yr un maes – **Erika Roe**. Am flynyddoedd wedyn fe wnaeth Roe osgoi unrhyw sylw a dihangodd o'r byd cyhoeddus i dyfu tatws melys ym

Mhortiwgal. Ond yn 2014 fe gyhoeddodd galendr, er mwyn codi arian i gofio am ei chwaer a fu farw o gancr y fron.

5 Yr Hospitals Cup yw'r tlws hynaf yn y byd rygbi. Fel mae'r enw'n awgrymu, chwech o ysbytai oedd yn ymgiprys am y wobr, ac yn 1875, y tro cyntaf i'r tlws gael ei gynnig, ysbyty Guy's, Llundain oedd yn fuddugol.

Roedd hynny bedair blynedd cyn cyflwyno'r tlws rhyngwladol cyntaf, sef Cwpan Calcutta. Mae'r cwpan hwnnw yn cael ei roi'n flynyddol i fuddugwyr y gêm rhwng yr Alban a Lloegr. Mae'n 18 modfedd o uchder ac wedi ei lunio o ddarnau *rupee* arian wedi eu toddi. Dyw'r tlws ei hun ddim mewn cyflwr arbennig bellach, a doedd yr hyn ddigwyddodd yng Nghaeredin yn 1988 o ddim help. Fe ddisgyblwyd blaenasgellwr yr Alban, John Jeffrey, ac wythwr Lloegr, Dean Richards, am chwarae pêl-droed â'r tlws yn Princes Street. Fe ddyfynnwyd Jeffrey ar y pryd: "Falle dylid newid yr enw o Gwpan Calcutta i Darian Calcutta."

6 Pam mae pêl rygbi yn hirgrwn? Wel, crydd o'r enw William Gilbert sydd ar fai. Roedd yn llunio peli lledr i fechgyn ysgol fonedd Rugby. Fe ddefnyddiai bledren mochyn, ac oherwydd bod pob pledren yn wahanol, roedd siâp pob pêl yn amrywio. I ddechrau roedden nhw'n dueddol o fod yn fwy crwn a thipyn yn fwy na'r bêl r'yn ni'n gyfarwydd â hi heddiw.

Roedd rhaid i rywun chwythu'r bledren, cyn ei rhoi mewn cot o ledr. A doedd hynny ddim yn dasg bleserus – roedd y bledren yn wyrdd, yn drewi ac yn aml yn cario afiechydon.

Erbyn hyn mae'r bêl rygbi wedi datblygu cryn dipyn, ac mae'n rhaid dilyn canllawiau pendant. Yn ôl y Bwrdd Rygbi Rhyngwladol, mae'n rhaid i bêl fod rhwng 280 a 300mm, yn hirgrwn ac wedi ei gwneud o bedwar panel.

7 Bu farw 13 o chwaraewyr rhyngwladol Cymru yn ystod y Rhyfel Byd Cyntaf, gan gynnwys Richard Garnons Williams, oedd wedi chwarae yng ngêm ryngwladol gyntaf Cymru erioed yn 1881. Ac yntau'n 59 oed, Williams oedd yr hynaf o'r tri chwaraewr ar ddeg a gafodd eu lladd.

Bu farw tri o chwaraewyr rhyngwladol Cymru yn ystod yr Ail Ryfel Byd. Yr enwocaf oedd Maurice Turnbull, yr unig un erioed i chwarae rygbi dros Gymru a chriced dros Loegr. Roedd yn uwchgapten gyda'r Gwarchodlu Cymreig a chafodd ei ladd ger pentref Montchamp yn Normandi yn 1944.

8 Yn 1978 fe greodd Rwsia record am y gêm rygbi i gael ei chwarae yn y tywydd oeraf erioed. Roedd hi'n -23°C pan deithiodd Krasnoyarsk i chwarae yn erbyn Polyechika Alma. Oherwydd bod y gwrthwynebwyr wedi teithio bron i 1,500 o filltiroedd doedd dim posib gohirio. Felly, fe chwaraeodd y ddau dîm mewn balaclafas, menig a haenen ar ben haenen o ddillad.

Mae fersiwn o'r gêm o'r enw rygbi eira, sy'n cael ei chwarae mewn lluwchfeydd o eira yng ngogledd yr Unol Daleithiau, Canada, Y Ffindir, India a'r Ariannin.

9 Beth sy'n digwydd i chwaraewyr rygbi pan maen nhw'n ymddeol? Mae nifer yn aros yn y gêm, i hyfforddi neu sylwebu ar y cyfryngau, tra bod eraill yn defnyddio eu henwogrwydd i hybu gwahanol fusnesau. Ond mae rhai sy'n troi at bethau amgenach. Dyma rai ohonyn nhw:

Scott Quinnell (wythwr Cymru) – perchennog cwmni gwneud canhwyllau.

Denzil Earland (blaenasgellwr Pontypridd) – gwarchodwr personol i Roman Abramovich a José Mourinho.

Chris Huish (blaenasgellwr Pont-y-pŵl) – casglwr sbwriel ar draeth Bondi, Awstralia.

Jean-Pierre Rives (blaenasgellwr Ffrainc) – cerflunydd.

JEAN-PIERRE RIVES

Glen Webb (asgellwr Cymru) – cynllunydd ceginau.

Huw Richards (ail reng Cymru) – ffermwr defaid.

Matthew Robinson (asgellwr Abertawe) – DJ o dan yr enw MR RAW.

Tony O'Reilly (canolwr Iwerddon) – cadeirydd cwmni Heinz a biliwnydd cyntaf Iwerddon.

Dick Spring (cefnwr Iwerddon) – gweinidog yn llywodraeth Iwerddon. Fe fu'n Weinidog Ynni, Gweinidog Amgylchedd ac yn Weinidog Materion Tramor.

BRIAN MOORE

Brian Moore (bachwr Lloegr) – perchennog cwmni trin ewinedd, a cholofnydd gwin.

Andrea Lo Cicero (prop yr Eidal) – barwn ar ei ynys enedigol, Sicily.

Alexander Obolensky (asgellwr Lloegr) – gall Obolensky fynd un cam yn well na Lo Cicero, oherwydd yn ei famwlad, Rwsia, roedd yn dywysog. Fe ddihangodd ei deulu i Brydain wedi'r chwyldro yno. Enillodd 3 chap i Loegr gan sgorio dau gais yn ei gêm gyntaf yn erbyn y Crysau Duon. Ymunodd â'r awyrlu yn ystod yr Ail Ryfel Byd, a chafodd ei ladd mewn damwain awyren yn 1940.

ANDREA LO CICERO

10 Wedi i brop y Crysau Duon, Keith Murdoch, sgorio unig gais ei dîm yn erbyn Cymru yn 1972, fe fu'n dathlu'n galed. Wedi digwyddiad anffodus yng ngwesty'r Angel, Caerdydd, penderfynwyd anfon Murdoch yn ôl i Seland Newydd dan gwmwl o gywilydd. Fe'i rhoddwyd ar awyren o Heathrow i Auckland, ond wnaeth e erioed gyrraedd yno. Y gred yw bod Murdoch wedi newid awyren yn Singapore a glanio yn Darwin. Yn ôl y gwybodusion, mae wedi byw yno bron fel meudwy byth ers hynny.

11 Ar ddechrau hanes chwarae rygbi, doedd cadw amser ddim yn bodoli. Doedd dim un cyfeiriad yn y rheolau at hyd y gêm ac am faint o amser y dylai'r gêm bara. Cyfrifoldeb capteiniaid y ddau dîm oedd trafod hyd gêm gyda'r dyfarnwr cyn dechrau chwarae. Mae enghreifftiau o gêmau yn ysgol Rugby yn para am bum diwrnod! Y tro cyntaf i amser penodedig o 40 munud i bob hanner gael ei nodi yn rheolau swyddogol y gêm oedd yn 1926.

12 Mae'r pyst yn Stadiwm y Mileniwm yn mesur 16.8 metr o uchder, dros 20 metr yn fyrrach na'r pyst talaf yn y byd, sydd ar faes rygbi Wednesbury yn Lloegr ac sy'n mesur 38.26 metr!

13

Mae dau o gyn-chwaraewyr Cymru wedi cystadlu yn y Gêmau Olympaidd. Fe gyrhaeddodd Ken Jones y rownd gynderfynol yng nghystadleuaeth y 100 llath yn Llundain yn 1948, ac roedd yn aelod o'r tîm cyfnewid enillodd fedal arian yn yr un Gêmau.

Y llall oedd Nigel Walker, a gyrhaeddodd y rownd gynderfynol yng nghystadleuaeth y 110 metr dros y clwydi yng ngêmau Los Angeles yn 1984.

14 Beth oedd yn arbennig am **Joe Simpson** a chwaraeodd i Gymru yn 1884? Wel, oherwydd bod ei olwg mor wael, bu'n rhaid iddo wisgo'i sbectol gydol y gêm. Ond doedd dim *rhaid* i'r Ffrancwr **André Béhotéguy** wisgo'r hyn y gwnaeth e ei wisgo ymhob gêm a chwaraeodd i Ffrainc rhwng 1923 ac 1929. Roedd yn wladgarwr ffasiynol iawn, ac ym mhob un gêm a chwaraeodd dros ei wlad, fe wisgodd *beret*!

15 Pa rif mae maswyr Cymru'n ei wisgo? Hawdd – ie, 10. Ond nid felly fu hi ar hyd y blynyddoedd, oherwydd doedd dim cysondeb yn y modd roedd crysau'r chwaraewyr yn cael eu marcio. Byddai'r maswr enwog **Cliff Jones** â'r llythyren F ar ei gefn, ac nid 10 oedd ar gefn y chwedlonol **Cliff Morgan**, ond y rhif 6. Roedd hynny oherwydd bod Cymru yn rhifo'r safleoedd gan ddechrau gyda'r cefnwr. Yn ôl y sôn, **David Watkins** oedd y maswr cyntaf i wisgo'r rhif 10, sydd bellach mor bwysig i ni'r Cymry.